2. Auflage 2024

www.herder.de

Gesamtgestaltung: Veronika Preisler, München
Druck: Neografia a.s., Martin
Gedruckt auf umweltfreundlichem, chlorfrei gebleichtem Papier
Printed in Slovakia

ISBN 978-3-451-71535-8

Anselm Grün

Die große Herder Kinderbibel

Mit Illustrationen von
Giuliano Ferri

HERDER

FREIBURG · BASEL · WIEN

Inhalt

Das alte Testament

Inhalt

Das neue Testament 104

DAS ALTE TESTAMENT

Die Schöpfung

Genesis 1,1–2,4a; 2,4b–22

Schon vor vielen Tausend Jahren erzählten sich die Menschen Geschichten darüber, wie die Welt entstanden sei. Vieles von dem, was wir heute wissen, wussten sie damals noch nicht. Aber sie waren sich sicher, dass die ganze Welt, alles, was wir sehen und haben, allein von Gott kommt. Vor 2500 Jahren fingen gelehrte Menschen in Israel an, diese Geschichten aufzuschreiben. Sie stellten sich damals vor, dass Gott die Welt in sechs Tagen gemacht hat und am siebten Tage ausruhte von seinen Werken. So begründeten sie zugleich, warum wir heute sechs Tage arbeiten und am siebten Tag freihaben. Am Sonntag dürfen wir die Ruhe genießen und uns an Gottes Schöpfung freuen, aber auch über das, was wir während der Woche geschaffen haben.

Im Anfang schuf Gott Himmel und Erde. Am ersten Tag sprach er: „Es werde Licht." Und es wurde hell. Am zweiten Tag schuf Gott den Himmel, der sich wie ein Gewölbe über der Erde aufspannte. Am dritten Tag kümmerte sich Gott um die Erde: Er schuf das Meer und das trockene Land, das von Flüssen und Bächen durchzogen wird. Und Gott ließ auf dem Land wunderbare Bäume und Blumen wachsen. Am vierten Tag sprach Gott: „Lichter sollen am Himmelsgewölbe sein, um Tag und Nacht zu unterscheiden." Wenn Gott etwas aussprach, dann geschah es auch. So entstanden die Sonne, die über den Tag herrscht, und der Mond, der über die Nacht herrscht. Und an das Himmelsgewölbe heftete Gott die Sterne, die den Menschen nachts den Weg weisen und sie über Gottes Schönheit staunen lassen. Am fünften Tag bevölkerte Gott das Wasser mit vielerlei Fischen und anderen Meerestieren und den Himmel mit Vögeln aller Art. Gott freute sich über die Tiere im Wasser und über die Vögel, die ihm mit ihrem fröhlichen Zwitschern Loblieder sangen. Und er sprach zu ihnen: „Seid fruchtbar und vermehrt euch.“ Am sechsten Tag schuf Gott die Tiere auf der Erde: Löwen und Tiger, Hunde und Katzen, Schlangen und Eidechsen und viele mehr.

Als Gott sah, dass alles, was er gemacht hatte, gut und schön war, sagte er: „Ich will Menschen machen nach meinem Abbild.“ Und so schuf er den Menschen als Mann und Frau. Von allen Geschöpfen waren sie ihm am nächsten. Dann segnete Gott die Menschen und sagte auch zu ihnen: „Seid fruchtbar und vermehrt euch.“ Die Pflanzen und Tiere sollten ihnen als Nahrung dienen.

Gott betrachtete alles, was er geschaffen hatte. Zufrieden sah er, dass alles sehr gut und sehr schön war. In der Schöpfung spiegelte sich seine Schönheit wider. Am siebten Tag ruhte Gott vom Werk seiner Hände aus. Er segnete den siebten Tag und erklärte ihn für heilig.

Die Israeliten haben noch eine andere Geschichte von der Schöpfung erzählt. Nach dieser Erzählung formte Gott einen Menschen aus der Erde des Ackerbodens. Dann schuf er einen schönen Garten mit vielen Pflanzen und Tieren, den der Mensch bebauen und bewachen sollte. Doch der Mensch fühlte sich allein. Da sprach Gott: „Es ist nicht gut, dass der Mensch allein bleibt.“ So machte er einen zweiten Menschen, und die beiden wurden zu Mann und Frau. Den Mann nannte er Adam und die Frau Eva.

Adam und Eva

Genesis 3,1–24

Adam und Eva lebten im Paradies und waren glücklich miteinander. Sie pflegten den Garten und aßen von den Früchten der Bäume und des Feldes. Doch in dem schönen Garten – im Paradies – gab es auch eine Schlange. Sie war schlauer als alle anderen Tiere. Eines Tages schlich sich die Schlange an Eva heran und verführte sie mit einer List:
Gott hatte Adam und Eva erlaubt, von allen Bäumen zu essen, nur nicht vom Baum der Erkenntnis zwischen Gut und Böse, der in der Mitte des Gartens stand, denn sonst würden sie sterben. Doch die Schlange erzählte Eva, wie köstlich die Früchte des Baumes in der Mitte seien, und sie versprach ihr, dass sie nicht sterben würde. Im Gegenteil, ihr würden die Augen aufgehen, und sie würde den Unterschied zwischen Gut und Böse verstehen und werden wie Gott.
Eva betrachtete die schönen Früchte, die am Baum der Erkenntnis wuchsen. Und sie dachte: „Warum soll ich nicht eine von ihnen nehmen? Sie sehen so schön aus. Und vielleicht hat die Schlange doch recht. Ich kann mir nicht vorstellen, dass ich sterben muss, wenn ich von diesen schönen Früchten esse." Und so nahm sie eine Frucht und aß und sie gab auch Adam davon. Da gingen ihnen tatsächlich die Augen auf, und sie erkannten, dass sie nackt waren. Vorher waren sie auch nackt gewesen, doch sie hatten sich nicht dafür geschämt. Jetzt aber schämten sie sich voreinander. Deshalb nahmen sie Feigenblätter, und beide flochten sich daraus einen Schurz. Und sie hatten Angst vor Gott und versteckten sich vor ihm.
Gott hatte natürlich bemerkt, was Adam und Eva getan hatten. Er fragte Adam: „Wo bist du?" Und Adam sagte zu Gott: „Ich habe dich kommen hören und mich vor dir versteckt. Ich habe Angst vor dir, denn ich bin nackt." Da fragte ihn Gott: „Wer hat dir gesagt, dass du

nackt bist? Hast du von dem Baum gegessen, von dem du nicht essen solltest?“ Da musste Adam die Wahrheit sagen. Doch er schob die Schuld auf Eva: „Sie hat mir von der Frucht gegeben.“ Da wandte sich Gott an Eva. „Was hast du getan?“ Und sie schob die Schuld auf die Schlange: „Die Schlange hat mich verführt. Und so habe ich gegessen.“
Da wurde Gott sehr zornig und verfluchte die Schlange. Er sagte zu ihr: „Von nun an sollst du auf dem Bauch kriechen und Staub fressen.“ Aber auch für Adam und Eva hatte es Folgen, dass sie sein Gebot gebrochen hatten. Zu Eva sagte Gott: „Unter Schmerzen sollst du deine Kinder zur Welt bringen.“ Und zu Adam sagte er: „Hart arbeiten sollst du für das Brot, das ihr esst.“ Gott sorgte aber auch für Adam und Eva und machte ihnen Röcke aus Fellen, damit sie nicht froren. Doch die schöne Zeit im Paradies war zu Ende. Adam und Eva mussten aus dem Paradies ausziehen und unter Mühen den Acker bebauen, damit sie genügend zu essen hatten. Gott stellte einen Engel mit einem Flammenschwert an die Pforte des Paradieses, damit kein Mensch mehr dorthin zurückkehren konnte.

Seit jener Zeit ist das Leben des Menschen nicht mehr nur einfach. Unter großer Anstrengung muss er sich darum bemühen, seinen Lebensunterhalt zu verdienen, und er kennt Schmerzen und Leid. Doch auch wenn der Mensch nicht mehr im Paradies lebt, ist Gott noch immer in seiner Nähe.

Kain und Abel

Genesis 4,1–16

Adam und Eva bekamen zwei Söhne: Kain und Abel. Beide lernten verschiedene Berufe. Kain wurde Ackerbauer, und Abel wurde Schafhirt. Am Anfang lebte die Familie noch in Frieden, und die Brüder gingen ihrer Arbeit nach. Doch dann wurde Kain neidisch auf Abel. Beide Brüder brachten Gott ein Opfer dar: Kain die schönsten Früchte des Feldes, Abel ein kleines Lamm. Doch Kain hatte den Eindruck, dass Gott Abels Opfer mehr gefiel als sein eigenes. Da lief Kain vor Zorn rot an. Gott merkte es und fragte ihn: „Warum überläuft es dich heiß und warum senkst du deinen Blick? Hüte dich davor, in deinem Zorn etwas Unrechtes zu tun."

Doch Kain hörte nicht auf Gott. Er verglich sich mit seinem Bruder Abel und war so wütend, dass es diesem besser erging als ihm. Deshalb schlug er Abel vor, mit ihm aufs Feld zu gehen. Als sie allein auf dem Feld waren, erschlug Kain seinen Bruder, der ihm nichts getan hatte. Es war der Neid, der ihn dazu trieb.

Gott wusste natürlich, was Kain getan hatte, und fragte ihn: „Wo ist dein Bruder Abel?" Kain antwortete ausweichend: „Ich weiß es nicht. Bin ich denn der Hüter meines Bruders?" Da sagte Gott zu Kain: „Was hast du getan? Das Blut deines Bruders schreit zu mir. Von nun an sollst du ruhelos durch die Welt irren. Und wenn du den Acker bebaust, wird er keine Frucht bringen." Da erkannte Kain, welch große

Schuld er auf sich geladen hatte. Er sagte zu Gott: „Zu groß ist meine Schuld, als dass ich sie ertragen könnte. Rastlos und ruhelos werde ich auf der Erde sein. Und wer mich findet, wird mich erschlagen." Doch Gott hatte Mitleid mit Kain. Er machte ihm ein Zeichen auf die Stirn, damit jeder sehen konnte, dass Kain unter seinem Schutz stand.

Kain ist so ein Bild für uns geworden. Wenn wir einem anderen etwas Böses tun, wird es uns selbst nicht gut gehen dabei. Wir kommen nicht zur Ruhe und haben Schuldgefühle. Die Erzählung von Kain und Abel will uns mahnen, unsere Brüder und Schwestern zu achten. Wir sollen uns nicht mit ihnen vergleichen. Jeder von uns hat von Gott gute Gaben bekommen, für die wir dankbar sein sollen.

Noah baut eine Arche

Genesis 6,5–9,17

Mit der Zeit bevölkerten immer mehr Menschen die Erde. Doch die Bosheit, die Kain mit dem Erschlagen seines Bruders Abel gesät hatte, breitete sich immer weiter aus. Gott bereute es, dass er die Menschen geschaffen hatte, denn sie erfüllten seine Erwartungen nicht. Nur Noah war gut. Er tat, was Gott den Menschen aufgetragen hatte. Deshalb gab Gott Noah den Befehl, eine Arche zu bauen. Denn es würde eine große Flut über die Erde kommen, in der alle Menschen und Tiere versinken würden. Noah baute eine Arche, so wie Gott es ihm aufgetragen hatte. Und wie Gott ihm befohlen hatte, nahm Noah seine Frau, seine Söhne und die Frauen seiner Söhne mit in die Arche. Auch von allen Tieren nahm er je zwei mit hinein, ein Männchen und ein Weibchen. Noah packte einen großen Vorrat an Nahrung ein, damit kein Mensch und kein Tier hungern musste. Die Leute wunderten sich über das, was Noah da tat. Doch als er sagte, es würde eine Sintflut kommen, die alles Leben vernichten sollte, lachten sie ihn nur aus. Sie lebten weiterhin unbeschwert und sündigten wie bisher.

Doch dann regnete es vierzig Tage und vierzig Nächte ununterbrochen. Die Flüsse und Seen liefen über, und es kam eine große Flut über die ganze Erde. Das Wasser überschwemmte alles. Alle Menschen und Tiere ertranken in der Flut. Ihre Häuser wurden vom Wasser weggeschwemmt. Immer höher stieg das Wasser und trug die Arche mit sich empor. Hundertfünfzig Tage lang schwoll das Wasser auf der Erde an. Dann begann ein warmer Wind zu wehen, und langsam sank das Wasser wieder. Nach zehn Monaten wurden die ersten Berggipfel sichtbar. Noah wartete noch vierzig Tage. Dann ließ er einen Raben hinausfliegen, doch der kam immer wieder zur Arche zurück. Dann ließ er eine Taube hinausfliegen, um zu sehen, ob das Wasser schon weniger geworden war. Doch auch die Taube fand keinen trockenen Ort, um

sich niederzulassen, und kehrte wieder in die Arche zurück. Noah wartete noch sieben weitere Tage. Dann ließ er die Taube erneut ausfliegen. Gegen Abend kam sie zu ihm zurück und hatte einen Olivenzweig im Schnabel. Nun wusste Noah, dass nur noch wenig Wasser auf der Erde war. Er wartete nochmals sieben Tage. Dann ließ er die Taube wieder ausfliegen. Dieses Mal kehrte sie nicht mehr zurück. Noah öffnete das Deck der Arche und blickte hinaus. Er sah, dass die Erdoberfläche trocken war. Da befahl ihm Gott, er solle aus der Arche hinausgehen, er und alle Menschen und Tiere, die er mit in die Arche genommen hatte.
Noah brachte Gott zum Dank ein Opfer dar. Gott segnete Noah, seine Frau, seine Söhne und deren Frauen. Und er schloss einen Bund mit ihnen und mit allen Lebewesen, die in der Arche waren. Er versprach ihnen, dass nie wieder eine solche Sintflut kommen werde, die alles Leben vernichtet. Und als Zeichen dieses Bundes setzte er einen Regenbogen an den Himmel.

Der Regenbogen sollte Gott in Zukunft immer an sein Versprechen erinnern. Er sollte aber auch die Menschen daran erinnern, dass sie nach Gottes Geboten leben sollten. Gott hat sich immer an seinen Bund gehalten, doch die Menschen haben diesen Bund immer wieder gebrochen. Trotzdem ist Gott seinem Versprechen treu geblieben.

Der Turmbau von Babel

Genesis 11,1–9

Nach der Sintflut vermehrten sich die Menschen wieder. Alle sprachen die gleiche Sprache. Das machte die Menschen mächtig. Denn da sie sich verstanden, konnten sie gemeinsam große Werke schaffen. Doch es machte die Menschen auch übermütig. Sie sagten zueinander: „Auf, formen wir Lehmziegel und brennen wir sie zu Backsteinen." Mit diesen Backsteinen bauten sie Häuser. Sie waren so stolz auf ihre Bauten, dass sie beschlossen: „Wir wollen eine Stadt bauen und einen Turm, der mit seiner Spitze bis in den Himmel reicht. Dann werden wir in der ganzen Welt bekannt. Und alle werden uns bewundern."

Sie planten die Stadt, brannten viele Ziegel und begannen damit, einen Turm zu bauen, dem sie immer noch ein Stockwerk mehr aufsetzten. Doch Gott missfielen ihr Übermut und ihr Stolz. Er dachte: „Die Menschen meinen, sie brauchen keinen Gott mehr und können alles selbst machen. Sie wollen nicht mehr bewundern, was ich geschaffen habe. Sie wollen nur noch sich selbst bewundern und von anderen bewundert werden."
Da verwirrte Gott ihre Sprache. Auf einmal verstanden die Menschen einander nicht mehr. Alle redeten wild durcheinander und in unterschiedlichen Sprachen. So stockte der Turmbau. Die Befehle, die die Aufseher den Arbeitern erteilten, wurden nicht befolgt, denn die Arbeiter verstanden nicht, was die Aufseher von ihnen wollten. Und da keiner den anderen verstand, zerstreuten sich die Menschen mehr und mehr. Jeder ging seiner eigenen Wege und kümmerte sich nicht mehr um die anderen. Sie hörten auf, die Stadt zu bauen, und ließen den Turm unvollendet stehen. Keiner bewunderte mehr den hohen Turm, sondern alle lachten über die, die ihn geplant und an ihm gebaut hatten.

Die Stadt, die nur halb fertig gebaut war, nannte man künftig Babel. Babel bedeutet: Wirrsal, denn Gott hat dort die Sprache aller Welt verwirrt. Noch heute leiden wir darunter, dass wir oft nicht die gleiche Sprache sprechen. Zwar können wir eine Fremdsprache lernen und verstehen dann einen Engländer oder Franzosen oder Italiener, doch oft reden wir aneinander vorbei und bringen dann nichts mehr gemeinsam zustande. Der angefangene und nicht vollendete Turm von Babel ist zur Mahnung für uns Menschen geworden. Wir sollen nicht stolz und übermütig sein. Aber wir sollen uns darum bemühen, die Sprache der anderen zu verstehen und so zu sprechen, dass andere uns verstehen.

Gott schickt Abraham nach Kanaan

Genesis 11,31–12,5

Ein Mensch, der lebte, wie Gott es gerne wollte, war Abraham. Er war ein guter Mensch. Er hatte eine Frau mit Namen Sara und besaß eine große Viehherde, viele Mägde und Knechte. Auch sein Neffe Lot war bei ihm. Sie lebten in Ur in Chaldäa und waren stolz auf ihren Besitz.
Eines Tages sprach Gott zu Abraham: „Zieh weg aus deinem Land und von deinem Vaterhaus in das Land, das ich dir zeigen werde. Ich werde dir viele Nachkommen schenken und dich und deinen Namen groß machen. Ein Segen sollst du sein."
Abraham wunderte sich über die Worte Gottes. Aber er vertraute Gott, und so nahm er alles, was er besaß, seine Frau Sara, seine Mägde und Knechte und seinen Neffen Lot und zog fort aus seiner Heimat in das Land, das Gott ihm verheißen hatte. Und weil er Gott glaubte und seinen Auftrag erfüllte, wurde er gesegnet.

So wurde Abraham zum Vorbild des Glaubens. Er gab alles auf, was er hatte. Weil er auf Gott vertraute, hat Gott das Werk seiner Hände gesegnet. Alles, was er anpackte, gelang ihm. Und er wurde selbst zum Segen für die Menschen. Bis heute erinnern sich die Menschen gerne an ihn. Man nennt ihn den Patriarchen Abraham.

Abraham und Lot

Genesis 13

Abraham ließ sich im Land Kanaan nieder. Dort wanderte er mit seinem Vieh und seinem ganzen Besitz von einem Lagerplatz zum anderen. Auch sein Neffe Lot besaß große Herden von Schafen, Ziegen und Rindern. Und auch er zog mit seinen Herden und Hirten im Land umher. Doch das Land war zu klein für beide. Zwischen den Hirten Abrahams und den Hirten Lots kam es immer wieder zu Streit. Da ging Abraham zu Lot und sagte zu ihm: „Zwischen mir und dir, zwischen meinen und deinen Hirten soll es keinen Streit geben. Wir sind doch Brüder." Er schlug seinem Neffen vor, sich zu trennen, damit sie mehr Abstand zueinander hätten. Lot durfte selbst wählen, wohin er gehen wollte. Er sah, dass es im Süden, im Jordanland, fruchtbar war. Man nannte das Land „Garten Gottes", so schön war es dort. So ließ sich Lot in der Jordangegend nieder. Dort lagen auch die Städte Sodom und Gomorra. Lot wusste nicht, dass die Leute, die in den beiden Städten wohnten, böse waren. Er sah nur das fruchtbare Land, das für seine Herden ein Segen sein würde.
Abraham aber blieb im Norden, in Kanaan, schlug dort seine Zelte auf und ließ seine Herden weiden. So lebten beide friedlich nebeneinander. Es gab keinen Streit mehr zwischen ihren Hirten, denn alle hatten genügend Raum für sich und ihre Herden.

Brüder und Schwestern brauchen die Nähe des anderen, um sich gegenseitig zu helfen. Manchmal brauchen sie aber auch Abstand voneinander, damit sie nicht in Streit geraten. Jeder lässt dem anderen seinen Raum. So können alle in Frieden miteinander leben und dankbar füreinander sein, wenn sie einander brauchen.

Abraham, Sara und Hagar

Genesis 16; 18,1–15; 21,1–21; 23

Abrahams Frau Sara war sehr schön, doch so sehr sie es sich auch wünschte, sie wurde nicht schwanger. Da sagte Sara zu Abraham: „Ich gebe dir meine Magd Hagar. Mit ihr sollst du ein Kind bekommen." Doch als Hagar schwanger war, verlor sie die Achtung vor ihrer Herrin Sara und machte sich lustig über sie, weil sie keine Kinder bekommen konnte. Daraufhin behandelte Sara ihre Magd so streng, dass Hagar es nicht aushielt und in die Wüste floh. Doch als sie dort war, sprach Gott zu ihr. Er sagte: „Geh zurück zu Abraham und Sara. Du wirst bald einen Sohn bekommen, der Ismael heißen soll. Er wird zum Stammvater eines großen Volkes werden." Und so ging Hagar zurück zu Abraham und Sara.

Doch Gott hatte Erbarmen mit Sara. Eines Tages schickte er drei Männer zu Abraham, um ihm die Geburt eines Sohnes zu verheißen. Abraham bewirtete die Männer sehr gut. Als sie zusammen vor dem Zelt saßen und aßen, fragten die Männer Abraham nach seiner Frau. Er antwortete ihnen, dass sie im Zelt sei. Da sagte einer der Männer: „In einem Jahr kommen wir wieder. Dann wird deine Frau Sara einen Sohn haben."

Sara stand am Zelteingang und hörte, was die Männer sagten. Sie lachte leise in sich hinein und dachte: „Ich bin doch schon alt. Wie soll ich da noch ein Kind bekommen?" Die Männer fragten Abraham: „Warum lacht Sara? Ist denn für Gott etwas unmöglich? In einem Jahr wird Sara einen Sohn haben."

Und wie Gott es verheißen hatte, wurde Sara tatsächlich schwanger, obwohl sie und Abraham schon alt waren. Sie gebar einen Sohn, den sie Isaak nannten. Das bedeutet: Gott lacht. Denn Gott hatte Sara ein Lachen geschenkt, und jeder, der davon hörte, dass Gott einer alten Frau und einem alten Mann noch einen Sohn geschenkt hatte, lachte mit ihr.

Sara freute sich über ihren Sohn. Doch eines Tages beobachtete sie, wie Ismael, der Sohn ihrer Magd Hagar, sich über Isaak lustig machte. Da wurde sie wütend und befahl Abraham, Hagar und ihren Sohn wegzuschicken. Abraham wurde traurig, denn er liebte seine beiden Söhne. Doch Gott sagte ihm, dass er Ismael beschützen werde. Also gab Abraham Hagar Brot und einen Schlauch Wasser und schickte sie fort.
Hagar und ihr Sohn irrten durch die Wüste, und bald war alles Wasser aufgebraucht. Das Kind schrie vor Durst. Weil sie sein Schreien nicht mehr ertragen konnte, legte Hagar ihren Sohn unter einen Ginsterbusch und setzte sich daneben. Sie wollte mit ihrem Kind sterben. Doch Gott hörte Ismaels Weinen und schickte der Mutter und ihrem Sohn einen Engel. Der zeigte ihnen einen Brunnen, aus dem sie trinken konnten. So wurden die beiden gerettet. Hagar ging mit ihrem Sohn Ismael weg aus Kanaan und ließ sich in der Wüste nieder. Ismael wurde ein Bogenschütze, heiratete eine Frau aus Ägypten und gründete eine Familie. Sara blieb mit Isaak bei Abraham. Isaak wuchs zu einem gesunden Jungen heran. Und Sara freute sich an ihm. Doch Sara starb, noch bevor Isaak erwachsen war. Abraham begrub sie in der Höhle von Machpela.

Auch wenn es in unserem Leben manchmal Situationen gibt, in denen wir am liebsten aufgeben möchten, weil wir das Gefühl haben, dass alles um uns herum nur Wüste ist, so schickt uns Gott immer einen Engel, der uns zum Brunnen des Lebens führt. Wenn wir aus diesem Brunnen trinken – wenn wir etwa die Liebe eines Menschen erfahren –, dann geht es uns wieder gut. Und wir können unseren Weg weitergehen.

Sodom und Gomorra

Genesis 18,16–33; 19,1–29

Die drei Männer, die Abraham besucht hatten, um ihm Isaaks Geburt anzukündigen, hatten ihm auch gesagt, dass Gott die Städte Sodom und Gomorra vernichten würde. Denn die Menschen, die in den beiden Städten lebten, waren böse und missachteten Gottes Gebote.

Abraham wusste, dass in Sodom sein Neffe Lot wohnte. Und so fragte er Gott: „Willst du die Unschuldigen mit den Schuldigen vernichten? Vielleicht gibt es fünfzig gute Menschen in der Stadt." Da versprach Gott ihm, die Stadt nicht zu vernichten, wenn er fünfzig Unschuldige in der Stadt fände. Nun fing Abraham an, mit Gott zu verhandeln. Er sagte: „Und wenn es nur vierzig oder dreißig Unschuldige in der Stadt gibt? Oder zwanzig oder zehn? Wirst du die Stadt trotzdem verschonen?" Und Gott antwortete ihm: „Um der zehn Unschuldigen willen werde ich sie nicht vernichten." Da vertraute Abraham darauf, dass seinem Neffen Lot nichts Schlimmes passieren würde und dass die Städte gerettet würden.

Doch Gott schickte zwei Engel nach Sodom. Lot sah die beiden Fremden kommen, lud sie in sein Haus ein und gab ihnen zu essen. Und er bot ihnen an, in seinem Haus zu übernachten. Doch die Leute von Sodom umstellten das Haus. Sie riefen nach Lot und fragten ihn: „Wo sind die Männer, die heute Abend bei dir eingekehrt sind? Schick sie heraus!" Lot ging zu den Menschen hinaus und schloss die Tür hinter sich ab. Er sagte: „Das werde ich nicht tun. Ihr habt nur Böses mit ihnen vor. Aber die Fremden stehen unter meinem Schutz." Da beschimpften die Leute Lot und sagten: „Du bist doch selbst ein Fremder hier und willst dich als Richter aufspielen!" Sie fielen über Lot her und versuchten, die Tür zu seinem Haus aufzubrechen. Doch die Engel streckten ihre Hände aus, zogen Lot ins Haus und verriegelten die Tür noch fester. Die tobende Menge draußen schlugen sie mit Blindheit. So konnten sie den Eingang zum Haus nicht mehr finden. Wütend tappten sie im Dunkeln umher und konnten nichts mehr gegen Lot ausrichten. Die Engel sagten zu Lot, er solle die Stadt verlassen und seine Töchter und Schwiegersöhne mitnehmen, denn sie hätten von Gott den Auftrag erhalten, die Stadt zu vernichten. Doch die Schwiegersöhne wollten nicht mitkommen. Da nahmen die Engel Lot, seine Frau und seine beiden Töchter bei der Hand und führten sie aus der Stadt hinaus. Draußen vor der Stadt ließen sie ihre Hände los und sagten zu Lot: „Bring dich in Sicherheit. Sieh dich nicht um und bleib unterwegs nicht stehen.“ So zogen Lot, seine Frau und seine beiden Töchter los. Sie wollten in die kleine Stadt Zoar, um sich in Sicherheit zu bringen. Doch Lots Frau hörte nicht auf den Befehl der beiden Engel und drehte sich unterwegs um, um zu sehen, was mit Sodom und Gomorra geschah. Da erstarrte sie zu einer Salzsäule.

Gott ließ auf Sodom und Gomorra Feuer und Schwefel regnen. Die beiden Städte wurden völlig vernichtet. Als Abraham am nächsten Morgen kam, um nach den Städten zu schauen, sah er nur noch eine riesige Qualmwolke aufsteigen.

Gott prüft Abraham

Genesis 22,1–19

Eines Tages, als Isaak zu einem Jungen herangewachsen war, stellte Gott Abraham auf die Probe. Er sprach: „Abraham, nimm deinen Sohn Isaak, den du so lieb hast, und bring ihn mir auf einem Berg im Lande Morija zum Opfer dar.“ Abraham konnte kaum fassen, was Gott da von ihm verlangte, doch er gehorchte ihm. Frühmorgens stand er auf, sattelte seinen Esel, holte seine beiden Jungknechte und seinen Sohn Isaak. Dann spaltete er Holz für das Brandopfer und machte sich auf den Weg. Schweigend ging Isaak neben seinem Vater her. Als sie den Berg hinaufstiegen, sagte Isaak: „Vater! Wir haben Feuer und Holz. Wo aber ist das Lamm für das Brandopfer?“ Abraham antwortete seinem Sohn: „Gott wird sich das Opferlamm aussuchen, mein Sohn.“ So gingen sie schweigend weiter.

Auf dem Berg baute Abraham einen Altar aus Steinen und schichtete Holz darauf. Dann fesselte er seinen Sohn Isaak und legte ihn auf den Altar. Gerade wollte Abraham Gottes Befehl ausführen und hob seine Hand mit dem Messer, als er eine Stimme hörte. Der Engel Gottes rief ihm zu: „Abraham, Abraham! Streck deine Hand nicht gegen den Knaben aus und tu ihm nichts zuleide! Gott weiß jetzt, dass du ihm gehorchst und sogar deinen eigenen Sohn für ihn hergeben würdest. Weil du auf ihn gehört hast, will er dich reichlich segnen. Du wirst so viele Nachkommen haben, wie Sterne am Himmel stehen.“

Als Abraham seinen Blick hob, sah er in der Nähe einen Widder, der sich im Gebüsch verfangen hatte. Den nahm Abraham und brachte ihn anstelle seines Sohnes als Opfer dar. Sein Sohn aber hatte Todesängste ausgestanden. Jetzt war er froh, dass der Engel ihn gerettet hatte.

Isaak und Rebekka

Genesis 24

Inzwischen war Abraham alt geworden. Da rief er seinen Großknecht zu sich und sagte zu ihm: „Versprich mir, dass du für meinen Sohn Isaak keine Frau aus Kanaan nimmst, sondern eine aus meiner alten Heimat. Zieh daher in meine Heimat zu meiner Verwandtschaft und such dort eine Frau für Isaak." Der Großknecht wollte den Befehl seines Herrn gerne befolgen. Doch er bekam Zweifel: „Was mache ich, wenn die Frau mir nicht hierher folgen will? Soll ich dann Isaak in das Land zurückbringen, von dem du ausgezogen bist?" Doch Abraham erwiderte ihm: „Auf keinen Fall. Wenn dir die Frau nicht folgen will, dann bist du von deinem Auftrag und von deinem Versprechen entbunden."

So zog der Großknecht mit zehn Kamelen und kostbaren Geschenken aus dem Besitz seines Herrn in Abrahams Heimat. Er bat Gott darum, ihm ein Zeichen zu geben: „Das Mädchen, zu dem ich sage: ‚Reich mir den Krug zum Trinken!', und das mir dann antwortet: ‚Trinke nur, und auch deine Kamele sollen trinken', das soll Isaaks Frau werden." Und es geschah so, wie der Großknecht es sich von Gott erbeten hatte.

Rebekka, ein schönes Mädchen, das noch nicht verheiratet war, kam und schöpfte Wasser aus der Quelle. Als der Großknecht sie bat, ihm zu trinken zu geben, nahm sie sofort den Krug von ihren Schultern und ließ ihn trinken. Dann sagte sie freundlich: „Auch für deine Kamele will ich schöpfen, bis sie sich satt getrunken haben." Als die Kamele mit dem Trinken fertig waren, schenkte der

Großknecht Rebekka einen goldenen Nasenreif und zwei goldene Spangen. Voller Freude legte sie den Schmuck an.
Dann fragte der Großknecht: „Wer ist dein Vater? Ist in seinem Haus genug Platz, damit wir dort übernachten können?“ Rebekka antwortete: „Ich bin die Tochter Betuëls. In seinem Haus ist genug Platz, und Stroh für die Kamele gibt es auch.“ So folgte der Großknecht ihr zum Haus ihres Vaters.
Als sie dort angekommen waren, gab man ihm und seinen Begleitern reichlich zu essen. Doch der Großknecht sagte: „Ich esse nicht, bis ich mein Anliegen erfüllt habe.“ Dann erzählte er ihnen von seinem Herrn Abraham, der ihn gesandt hatte, um für seinen Sohn Isaak eine Frau aus seiner Heimat zu holen. Rebekkas Vater Betuël und ihr Bruder Laban spürten, dass es Gottes Wille war, dass Rebekka Isaaks Frau wurde. Und so willigten sie ein, Rebekka mit dem Großknecht nach Kanaan ziehen zu lassen. Da beschenkte der Großknecht ihren Vater und ihren Bruder reichlich mit kostbaren Gewändern, Gold und Silber aus dem Besitz des Abraham.
Am nächsten Tag machte sich der Großknecht zusammen mit Rebekka auf den Weg nach Kanaan, zu den Zelten Abrahams und Isaaks. Als sie in der Nähe eines Brunnens waren, kam ihnen Isaak entgegen, der die Kamelkarawane von Weitem gesehen hatte. Rebekka glitt von ihrem Kamel und verhüllte ihr Gesicht. Isaak nahm sie an der Hand und führte sie in das Zelt seiner Mutter, die schon verstorben war. Er gewann sie sehr lieb, und sie tröstete ihn über den Tod seiner Mutter hinweg. Bald darauf heirateten die beiden. Und Abraham war glücklich, dass Gott ihm eine so schöne und gute Schwiegertochter geschenkt hatte.

Jakob, Esau und das Recht des Erstgeborenen

Genesis 25,19–34; 27

Rebekka wurde schwanger. Als die Zeit der Geburt gekommen war, zeigte es sich, dass sie Zwillinge in ihrem Bauch trug. Der Zwilling, der zuerst auf die Welt kam, war rötlich und ganz mit Haaren bedeckt wie mit einem Fell. Sie nannten ihn Esau. Kurz darauf kam sein Bruder auf die Welt. Mit seiner Hand hielt er sich an der Ferse Esaus fest. Sie nannten ihn Jakob, das bedeutet: Fersenhalter.

Die beiden Knaben wuchsen heran. Esau wurde ein Jäger. Er streifte gerne über die Felder, um zu jagen. Jakob blieb lieber daheim bei seiner Mutter. Isaak hatte Esau besonders gern, weil er ein guter Jäger war. Rebekka dagegen liebte Jakob mehr, weil er so ruhig war und gerne bei ihr blieb. So gab es einen Vatersohn und einen Muttersohn. Die beiden Brüder kamen anfangs gut miteinander aus. Doch das blieb leider nicht so. Der Grund dafür war folgende Geschichte:

Esau war wieder einmal auf der Jagd. Jakob war daheim geblieben und hatte ein Linsengericht gekocht, wie er es von seiner Mutter gelernt hatte. Als Esau ganz erschöpft vom Feld zurückkam, sagte er zu Jakob: „Gib mir doch etwas zu essen von dem Linsengericht. Es riecht so gut. Ich habe solchen Hunger und bin ganz müde.“ Esau hatte mehr Kraft als Jakob. Doch Jakob war schlau und suchte immer seinen Vorteil. So sagte Jakob zu seinem Bruder: „Ich gebe dir das Linsengericht nur, wenn du mir dafür dein

Erstgeburtsrecht verkaufst." Denn damals hatte der Erstgeborene mehr Rechte als die Geschwister, die später geboren wurden, und bekam das ganze Erbe.

Esau war so müde und hungrig von seiner Jagd, dass er zu seinem Bruder sagte: „Schau, ich sterbe vor Hunger, was nützt mir da das Erstgeburtsrecht? Du kannst es gerne haben." Doch Jakob verlangte von seinem Bruder, dass er ihm schwor, und Esau tat es. Darauf gab Jakob seinem Bruder Brot und das Linsengericht. Esau aß und trank und fühlte sich gut. An das Erstgeburtsrecht dachte er gar nicht mehr.

Als Isaak alt geworden war, wollte er seinen Erstgeborenen Esau segnen. Er gab ihm den Auftrag, aufs Feld zu gehen, ein Tier zu erlegen und ihm ein Essen daraus zu bereiten. Dann würde er ihm den Erstgeburtssegen geben. Doch Rebekka hatte Isaaks Worte gehört. Sie gab Jakob den Befehl, ihr zwei schöne Ziegenböcke zu bringen. Daraus wollte sie ein Mahl bereiten. Das sollte Jakob dann seinem Vater bringen, denn Rebekka wollte, dass er den Erstgeburtssegen erhielt. Damit der Vater den Betrug nicht erkannte, zog die Mutter Jakob die Feiertagskleider Esaus an und legte ihm Ziegenfelle um seine Hände und seinen glatten Hals. Dann schickte sie ihn zu seinem Vater.

Isaak wunderte sich, dass Esau so schnell ein Wild erlegt hatte. Und er fragte sich, ob es wirklich Esau war, den er da vor sich hatte. Seine Augen waren nicht mehr gut, und die Stimme klang ihm so, als ob es Jakobs Stimme sei. Doch dann berührte er seine Hände und Arme und spürte die Haare. Da glaubte er, Esau vor sich zu haben. So gab er Jakob den Segen des Erstgeborenen.

Als Esau später von der Jagd kam und ihm sein Wild bereitete, wurde Isaak sehr traurig. Er hatte seinen Segen schon Jakob gegeben und konnte den gleichen Segen nicht nochmals erteilen. Esau aber wurde sehr wütend auf seinen Bruder Jakob, der ihn nun zum zweiten Mal betrogen hatte. Er nannte ihn Jakob, den Betrüger, und er beschloss, ihn zu töten. Doch Rebekka hörte davon und riet ihrem Lieblingssohn Jakob zu fliehen.

Jakob träumt von der Himmelsleiter

Genesis 27,42–45; 28,10–22

Rebekka erzählte Jakob von den Mordplänen seines Bruders. „Geh zu meinem Bruder Laban in Haran“, sagte sie zu ihm, „und bleib so lange dort, bis sich der Groll deines Bruders gelegt hat. Ich werde einen Boten zu dir schicken, wenn du zurückkehren kannst.“ Da packte Jakob sein Bündel und machte sich auf den Weg. Am Abend des ersten Fluchttages war Jakob sehr müde. Er nahm sich einen Stein als Kopfkissen und legte sich darauf, um zu schlafen. Da träumte er von einer Leiter, die von der Erde bis zum Himmel reichte. Auf der Treppe stiegen Engel auf und nieder. Und Gott selbst stand oben auf der Himmelsleiter und sprach zu Jakob: „Ich bin der Herr, der Gott Abrahams und der Gott deines Vaters Isaak. Das Land, auf dem du liegst, will ich dir und deinen Nachkommen schenken. Ich bin bei dir. Ich behüte dich, wohin du auch gehst. Ich verlasse dich nicht, bis geschehen ist, was ich dir versprochen habe.“ Als Jakob aufwachte, hatte er keine Angst mehr, sondern war voller Vertrauen. Er spürte: Gott ist bei mir. Mein Weg wird gelingen.

Und Jakob sagte sich beim Erwachen: „Gott ist hier, und ich habe es nicht gewusst. Hier ist das Haus Gottes, das Tor zum Himmel. Dieser Ort ist heilig.“ Er nahm den Stein, den er als Kopfkissen benutzt hatte, stellte ihn auf wie ein Denkmal und goss Öl darauf. Er nannte den Ort Bet-El, das bedeutet: Gotteshaus. Und er versprach Gott, dass er an diesem Ort ein Haus für ihn bauen werde, wenn all seine Verheißungen in Erfüllung gegangen seien.
Der wunderbare Traum von der Himmelsleiter hatte Jakob verwandelt. Jetzt war er nicht mehr nur ein Betrüger. Er war einer, der von Gott gesegnet war und dem Gott viel zutraute.

Jakob und Rahel

Genesis 29,1–30,2.22–24

Voll Vertrauen zog Jakob nun weiter nach Haran, wo Laban, der Bruder seiner Mutter Rebekka, wohnte. Am Brunnen vor der Stadt traf Jakob Labans Tochter Rahel. Sie war eine Hirtin und sehr schön. Als Jakob sich als Verwandter zu erkennen gab, führte Rahel ihn zu ihrem Vater. Der freute sich über Jakobs Besuch und hieß ihn herzlich willkommen. So blieb Jakob und arbeitete für Laban als Hirte.
Als ein Monat um war, fragte Laban, welchen Lohn er ihm geben solle. Jakob antwortete: „Ich will sieben Jahre umsonst für dich arbeiten, wenn du mir danach Rahel zur Frau gibst." Laban war einverstanden. Jakob liebte Rahel so sehr, dass ihm die Jahre wie ein Tag vorkamen.
Nach sieben Jahren ging Jakob zu Laban und sagte: „Meine Zeit ist um, nun will ich Rahel heiraten." Da veranstaltete Laban ein großes Fest, zu dem er alle Nachbarn einlud. Doch er trickste Jakob aus. Als die Nacht gekommen war, schickte er statt Rahel seine ältere Tochter Lea zu Jakob. Lea war nicht besonders schön. Ihre Augen strahlten keine Lebendigkeit aus. Erst am nächsten Morgen merkte Jakob, dass Lea neben ihm lag und nicht Rahel. Da ging er zu Laban und stellte ihn zur Rede. Aber Laban entgegnete ihm: „Hier bei uns ist es so, dass die ältere vor der jüngeren Schwester heiraten muss. Deshalb habe ich dir Lea gegeben. Feiere mit ihr die Hochzeitswoche zu Ende. Dann kannst du Rahel heiraten, wenn du sieben weitere Jahre für mich arbeitest." Jakob willigte ein, und eine Woche später wurde auch Rahel seine Frau. Nun hatte Jakob zwei Frauen, doch das war damals so üblich.
Während Lea viele Söhne und eine Tochter bekam, musste Rahel lange auf ein Kind warten. Sie wurde eifersüchtig auf Lea und sagte zu Jakob: „Schenk mir auch endlich einen Sohn!" Doch Jakob antwortete nur: „Ich bin nicht Gott." Schließlich hatte Gott Mitleid mit Rahel. Sie wurde schwanger und brachte einen Sohn zur Welt, den sie Josef nannte.

Jakob kämpft mit einem Engel

Genesis 32,2–29; 33,1–4

Viele Jahre hatte Jakob für Laban gearbeitet, doch nun wollte er nach Hause ziehen. Inzwischen war er ein reicher Mann geworden und besaß selbst eine große Herde. Zusammen mit seinen Frauen und Kindern, mit seinen Knechten und Mägden und all seinen Tieren brach er auf in Richtung seiner Heimat Kanaan. Er schickte einen Boten zu Esau und trug ihm auf: „Sag meinem Bruder Esau, dass ich mich auf dem Weg zu ihm befinde und hoffe, dass er nicht mehr böse auf mich ist.“ Bald kam der Bote zurück und meldete Jakob, dass sein Bruder Esau ihm mit vierhundert Männern entgegenziehe.

Da bekam es Jakob mit der Angst zu tun. Er glaubte, Esau wolle ihn angreifen. Nachdem er seine Frauen, seine Kinder und seine ganze Herde über den Fluss Jabbok gebracht hatte, blieb er allein in der Nacht zurück. Da trat ein fremder Mann auf ihn zu und fing an, mit ihm zu kämpfen. Der fremde Mann war ein Engel Gottes. Die ganze Nacht rangen die beiden miteinander. Schließlich sagte der Engel zu Jakob: „Lass mich los, denn die Morgenröte ist aufgestiegen.“ Doch Jakob erwiderte ihm: „Ich lasse dich erst los, wenn du mich segnest.“ Da segnete der Engel Jakob und gab ihm einen neuen Namen: „Von heute an sollst du nicht mehr Jakob, der Betrüger, sondern Israel, der Gotteskämpfer, heißen.“

Nun hatte Jakob keine Angst mehr vor seinem Bruder. Als er Esau am nächsten Tag begegnete, umarmten sich die beiden und küssten sich. Endlich waren die Brüder wieder miteinander versöhnt.

Josef träumt

Genesis 37,1–11

Jakob lebte mit seinen zwölf Söhnen in Kanaan. Josef, der Zweitjüngste, war sein Lieblingssohn, denn Rahel hatte ihn auf die Welt gebracht. Als Josef siebzehn Jahre alt war, weidete er mit seinen Brüdern die Schafe und Ziegen. Wenn sie abends heimkamen, erzählte Josef dem Vater immer, was die Brüder Böses getan hatten. Weil Jakob ihn so lieb hatte, ließ er für Josef einen prächtigen bunten Mantel machen. Die Brüder spürten, dass ihr Vater Josef mehr liebte als sie. Deshalb hassten sie ihn. Und wenn sie allein waren, dann schimpften sie über ihn.
Einmal hatte Josef einen Traum und erzählte ihn seinen Brüdern. Er sagte zu ihnen: „Hört, was ich geträumt habe. Wir waren auf dem Feld und banden Korngarben. Meine Garbe richtete sich auf und blieb stehen. Eure Garben umringten sie und verneigten sich tief vor meiner Garbe." Die Brüder ärgerten sich über diesen Traum. Sie sagten zu Josef: „Willst du etwa König über uns werden und dich als Herr über uns aufspielen?" Der Traum führte dazu, dass sie ihn noch mehr hassten und ihn aus ihrer Gemeinschaft ausschlossen.
Kurze Zeit später träumte Josef ein zweites Mal. Und obwohl die Brüder nach seinem ersten Traum so wütend geworden waren, erzählte er ihnen auch von diesem: „Ich träumte: Die Sonne, der Mond und elf Sterne verneigten sich tief vor mir." Auch sein Vater hatte zugehört. Doch obwohl er Josef mehr liebte als seine Brüder, gefiel ihm nicht, was er da erzählte. Jakob sagte: „Was soll dieser Traum bedeuten? Sollen deine Mutter, deine Brüder und ich uns vor dir auf die Erde werfen?"
Trotzdem ging Jakob der Traum nicht aus dem Kopf. Er spürte, dass Josef etwas ganz Besonderes war und Gott Großes mit ihm vorhatte. Die Brüder aber ärgerten sich noch mehr über Josef. Sie waren eifersüchtig und voller Hass. Und sie überlegten, wie sie ihm schaden konnten.

Josef wird verkauft

Genesis 37,12–36

Kurze Zeit später weideten die Brüder das Vieh ihres Vaters bei der Stadt Sichem. Jakob schickte Josef zu ihnen, um zu sehen, wie es ihnen ging. Josef zog los und suchte seine Brüder, aber er fand sie nicht. Da sah ein Mann, wie er auf dem Feld umherirrte, und fragte ihn: „Was suchst du?" Josef antwortete: „Ich suche meine Brüder. Sag mir doch, wo sie das Vieh weiden." Und der Mann zeigte ihm den Weg zu seinen Brüdern.

Die Brüder sahen ihn schon von Weitem kommen. Sie sagten zueinander: „Dort kommt ja dieser Träumer. Wir schlagen ihn tot und werfen ihn in eine der Zisternen. Unserem Vater sagen wir, ein wildes Tier habe ihn gefressen. Dann werden wir ja sehen, was aus seinen Träumen wird!"

Doch Ruben, einer der Brüder, war mit diesem Plan nicht einverstanden und wollte Josef retten. Er sagte zu seinen Brüdern: „Wir dürfen keinen Mord begehen. Werft ihn in die Zisterne da in der Steppe, aber tötet ihn nicht!" Als Josef bei seinen Brüdern angekommen war, zogen sie ihm seinen prächtigen Mantel aus, den ihm sein Vater geschenkt hatte. Dann packten sie ihn und warfen ihn in die Zisterne. Die Zisterne war leer. Zu jener Zeit war es so trocken, dass kein Wasser darin war. Nun saß Josef in dem tiefen Brunnen. Er hatte keine Chance, aus eigener Kraft herauszukommen. Aber er erinnerte sich an seine Träume. Die hatten ihm doch gezeigt, dass etwas Großes aus ihm werden würde. So war er voller Angst, aber auch voller Hoffnung, dass Gott ihn aus der Grube erretten würde.

Die Brüder saßen gerade beim Essen, als sie eine Karawane von Ismaelitern vorbeiziehen sahen. Die Karawane war unterwegs nach Ägypten, um dort ihre Waren zu verkaufen. Da hatte Juda, einer der Brüder, eine Idee. Er sagte: „Was haben wir davon, wenn wir unseren Bruder

erschlagen? Kommt, verkaufen wir ihn den Ismaelitern. Dann haben wir ihn für immer los." Die Brüder waren einverstanden. So zogen sie Josef aus der Zisterne und verkauften ihn für zwanzig Silberstücke an die Ismaeliter. Diese brachten ihn zusammen mit ihren Waren nach Ägypten. Sie verkauften ihn an Potifar, einen Hofbeamten des Pharao, den Obersten der Leibwache.

Ruben war nicht dabei gewesen, als seine Brüder Josef aus der Zisterne gezogen und ihn an die Händler verkauft hatten. Als er in die Zisterne sah, zerriss er seine Kleider. Er sagte zu seinen Brüdern: „Der Kleine ist ja nicht mehr da. Was soll ich jetzt nur tun?" Er hatte auf eine gute Gelegenheit gewartet, um Josef aus der Zisterne zu befreien. Doch jetzt war Josef fort.

Die Brüder aber nahmen Josefs Mantel, schlachteten einen Ziegenbock und tauchten den Mantel in das Blut. Dann schickten sie den Mantel zu ihrem Vater und ließen ihm sagen: „Das haben wir gefunden. Sieh nach, ob das der Mantel deines Sohnes ist oder nicht."

Als Jakob den blutigen Mantel sah, schrie er auf: „Ein wildes Tier hat ihn gefressen. Josef ist tot!" Der Vater zerriss seine Kleider und zog Trauerkleider an. Viele Tage lang trauerte er um seinen Sohn, und niemand konnte ihn trösten.

Josef in Bedrängnis

Genesis 39,1–20

Josef arbeitete nun im Haus des Potifar. Gott war mit Josef, und alles, was er anpackte, glückte ihm. Sein Herr Potifar freute sich, dass er einen so guten Sklaven bekommen hatte, und vertraute ihm alles an, was er besaß. Und Gott segnete das Haus des Potifar, weil Josef alles so gut verwaltete.

Josef war ein hübscher junger Mann. Das hatte auch die Frau des Potifar bemerkt und sich in ihn verliebt. Eines Tages forderte sie Josef auf: „Komm, sei mein Geliebter!" Doch Josef weigerte sich. Er sagte: „Wie sollte ich meinen Herrn betrügen, der mir alles anvertraut hat? Nur dich will er als sein Eigentum. Wie könnte ich da gegen Gott sündigen und meinem Herrn sein Eigentum wegnehmen?" Doch die Frau des Potifar bedrängte Josef immer weiter.

Als Potifar auf Reisen war und sie allein im Haus waren, packte sie Josef an seinem Gewand und zog ihn an sich. Doch Josef schlüpfte aus seinem Gewand und lief nackt nach draußen. Da fing die Frau des Potifar an zu schreien und rief nach ihren Dienern. Sie sagte ihnen: „Seht nur, was Josef getan hat. Er ist zu mir gekommen und hat mich bedrängt. Da habe ich laut geschrien. Als er mein Geschrei hörte, ließ er sein Gewand bei mir liegen und floh ins Freie." Die Diener hatten Josef gern, doch nun waren sie sehr enttäuscht von ihm. Denn sie glaubten, was die Frau sagte.

Die Frau des Potifar behielt Josefs Gewand bei sich, bis ihr Mann Potifar von seiner Reise zurückkehrte. Und sie erzählte ihm die gleiche Lügengeschichte. Doch auch Potifar glaubte seiner Frau und wurde sehr zornig. Er ließ Josef ergreifen und in den Kerker werfen. Dort saß er zusammen mit all den Gefangenen des Königs.

Josef im Gefängnis

Genesis 39,21–40,23

Doch auch im Gefängnis fühlte sich Josef von Gott gesegnet. Schon nach kurzer Zeit gewann Josef das Vertrauen des Gefängnisaufsehers. Der übertrug ihm die Sorge für alle Gefangenen des Kerkers. Alles, was zu erledigen war, machte Josef für ihn. Und Gott segnete alles, was Josef in die Hand nahm. Was er auch anpackte, es gelang ihm.

Einige Zeit, nachdem Josef ins Gefängnis geworfen worden war, wurden zwei neue Gefangene gebracht. Der eine war der Mundschenk des Königs, der andere war der Hofbäcker. Der Gefängnisaufseher bat Josef, sich um die beiden königlichen Gefangenen zu kümmern.

Als sie schon einige Zeit im Gefängnis waren, hatten beide in derselben Nacht einen Traum. Als Josef am Morgen zu ihnen kam, sah er in ihre

traurigen Gesichter. Er fragte: „Was ist denn los? Warum schaut ihr heute so finster drein?" Sie antworteten ihm: „Wir haben geträumt. Aber es ist keiner da, der uns sagen kann, was die Träume bedeuten." Josef antwortete ihnen: „Vielleicht kann Gott es mir sagen. Erzählt mir ruhig, was ihr geträumt habt."

Daraufhin erzählte der Mundschenk seinen Traum: „Im Traum sah ich vor mir einen Weinstock. Am Weinstock waren drei Ranken, und es war mir, als triebe er Knospen. Seine Blüten wuchsen, und schon reiften die Trauben. Ich hatte den Becher des Pharao in meiner Hand. Ich nahm die Beeren, drückte sie in den Becher des Pharao aus und gab dem Pharao den Becher in die Hand." Josef überlegte kurz, dann sprach er: „Die drei Ranken sind drei Tage. Noch drei Tage, dann wird der Pharao dich vorladen und dich wieder in dein Amt einsetzen. Du wirst dem Pharao wieder den Becher reichen wie früher. Doch denk an mich, wenn es dir gut geht. Erzähl dem Pharao von mir und hol mich aus dem Gefängnis heraus!"

Als der Hofbäcker hörte, dass Josef den Traum des Mundschenks so gut gedeutet hatte, wagte er es auch, seinen Traum zu erzählen: „Ich träumte von drei Körben Feingebäck, die ich dem Pharao bringen wollte. Doch die Vögel des Himmels fraßen das Gebäck aus dem Korb." Dieses Mal hatte Josef nichts Gutes zu berichten. Im Gegenteil: Die drei Körbe bedeuteten wieder drei Tage. Doch dann würde der Pharao den Hofbäcker vorladen und erhängen lassen. Und die Vögel würden von seinem Fleisch fressen.

Nach drei Tagen geschah es, wie Josef es vorhergesagt hatte. Der Pharao hatte Geburtstag und veranstaltete ein großes Festmahl. Da lud er vor allen Gästen den Mundschenk und den Hofbäcker vor. Den Mundschenk setzte er wieder in sein Amt ein. Doch den Hofbäcker ließ er erhängen. Der Mundschenk sah, dass alles so eingetroffen war, wie Josef es gesagt hatte. Aber er vergaß Josefs Bitte, dem Pharao von ihm zu erzählen und um seine Freilassung zu bitten. So blieb Josef noch lange Zeit im Gefängnis.

Josef deutet die Träume des Pharao

Genesis 41,1–41

Zwei Jahre waren vergangen, und Josef saß immer noch im Gefängnis. Da hatte der Pharao einen Traum: Er stand am Nil. Aus dem Nil stiegen sieben gut aussehende, wohlgenährte Kühe und weideten im Gras. Nach ihnen stiegen sieben andere Kühe aus dem Nil. Sie sahen hässlich aus und waren mager. Und die hässlichen, mageren Kühe fraßen die sieben gut aussehenden und wohlgenährten Kühe auf. Dann erwachte der Pharao. Er schlief aber wieder ein und träumte noch einmal: An einem einzigen Halm wuchsen sieben Ähren, prall und schön. Nach ihnen wuchsen sieben kümmerliche, vom Ostwind ausgedörrte Ähren. Die kümmerlichen Ähren verschlangen die sieben prallen Ähren. Dann wachte der Pharao wieder auf.

Die beiden Träume hatten den Pharao in Unruhe versetzt. Er dachte lange nach, aber er verstand die Träume nicht. Er konnte sie aber auch nicht vergessen. So rief er alle Wahrsager und Weisen und alle Traumdeuter Ägyptens zusammen und erzählte ihnen seine beiden Träume. Doch keiner konnte die Träume deuten. Da erinnerte sich der Mundschenk an Josef. Er ging zum Pharao und erzählte ihm von den beiden Träumen, die er und der Hofbäcker im Gefängnis gehabt hatten. Und er erzählte ihm von der Deutung, die Josef den beiden Träumen gegeben hatte, und dass sie genau so eingetreten war.

Da ließ der Pharao Josef kommen, erzählte ihm seine Träume und bat ihn, sie zu deuten. Josef antwortete: „Nicht ich kann die Träume deuten, sondern Gott wird dir antworten.“ Und so legte Josef mit Gottes Hilfe die beiden Träume aus: „Gott kündigt dem Pharao an, was er vorhat: Die sieben schönen Kühe sind sieben Jahre, und die sieben schönen Ähren sind sieben Jahre. Und auch die sieben mageren Kühe und die sieben leeren Ähren stehen für sieben Jahre. Es ist ein und derselbe Traum. Sieben Jahre werden kommen, in denen großer Überfluss

in ganz Ägypten herrscht. Nach ihnen aber werden sieben Jahre Hungersnot heraufziehen: Da wird der ganze Überfluss vergessen sein, und Hunger wird das Land auszehren." Und Josef riet dem Pharao, sich nach einem klugen und weisen Mann umzusehen, der in den guten Jahren einen Vorrat anlege, damit das Volk in den schlechten Jahren nicht verhungere, und ihn über Ägypten zu setzen.
Dem König gefiel die Deutung, die Josef seinem Traum gegeben hatte. Und es gefiel ihm, was Josef ihm geraten hatte. So sagte er zu Josef: „Du sollst von nun an mein Stellvertreter sein, deinem Wort soll sich mein ganzes Volk beugen." So wurde Josef als Unterkönig Ägyptens eingesetzt.

Josef wird Unterkönig von Ägypten

Genesis 41,42–57

Nachdem alle Hofleute mit dem Vorschlag des Pharao einverstanden waren, Josef als Bevollmächtigten und Unterkönig einzusetzen, fand eine feierliche Amtseinführung statt. Der Pharao nahm den Siegelring von seinem Finger und steckte ihn Josef an die Hand. Er bekleidete ihn mit kostbaren Gewändern und legte ihm eine goldene Kette um den Hals. Dann ließ er ihn seinen zweiten Wagen besteigen. Und seine Diener riefen dem Wagen voraus: „Achtung!" So wussten alle Menschen, dass hier der Beauftragte des Pharao kam. Der Pharao sagte zu Josef: „Ich bin der Pharao. Aber ohne dich soll niemand seine Hand oder seinen Fuß regen in ganz Ägypten." So übertrug der Pharao Josef eine große Macht, er sollte alle Angelegenheiten in Ägypten regeln. Und der Pharao gab Josef auch eine ägyptische Frau: Asenat, die Tochter von Potifera, einem der hohen Priester des Landes.

Josef war dreißig Jahre alt, als der Pharao ihn als Unterkönig einsetzte. All das Leid, das ihm seine Brüder angetan hatten, war vergessen. Und auch das Leid, das ihm die Frau des Potifar angetan hat, als sie ihn zu Unrecht beschuldigt und ins Gefängnis gebracht hatte, hatte sich in Glück verwandelt. Josef zog nun durch ganz Ägypten. Während der sieben guten Jahre ließ er alles Brotgetreide sammeln und in die Städte schaffen. In jeder Stadt baute er große Speicher, in denen das Getreide aus der Umgebung gelagert wurde. Während der sieben guten Jahre bekam Josef zwei Söhne. Den ersten nannte er Manasse. Das bedeutet: Vergessling. Josef sagte: „Gott hat mich all meine Sorge und meine Familie vergessen lassen." Den zweiten Sohn nannte er Efraim. Das bedeutet: Fruchtbringer. Denn Josef sagte sich: „Gott hat mich fruchtbar werden lassen im Land meines Elends."

Die sieben guten Jahre gingen vorüber, und es begannen sieben Jahre der Not. Die Leute in Ägypten hatten Hunger. Sie gingen zum Pharao und schrien nach Brot. Doch der Pharao sagte zum Volk: „Geht zu Josef. Tut, was er euch sagt!“ Als die Hungersnot immer schlimmer wurde, öffnete Josef die Getreidespeicher, die er überall angelegt hatte. Und jeder konnte dort Getreide kaufen. So konnte Josef durch seine kluge Planung die Hungersnot in Ägypten lindern. Doch nicht nur in Ägypten hungerten die Menschen. In der ganzen Welt gab es kaum mehr Getreide. So kamen Leute aus allen Ländern nach Ägypten, denn es war das einzige Land, in dem man noch Getreide kaufen konnte, weil Josef so gut vorgesorgt hatte.

Josef hat seine Planung nach den Träumen ausgerichtet. Die meisten anderen Könige lebten nur in den Tag hinein. Sie dachten, es werde schon alles gut gehen. Doch die Träume des Pharao, die Josef mit Gottes Hilfe richtig gedeutet hat, führten zu einer klügeren Planung. Nun hatte die ganze Welt etwas von der Weitsicht Josefs und von seinem Vertrauen auf Gott, der uns gerade in den Träumen oft zeigt, wie wir handeln sollen.

Josef empfängt seine Brüder

Genesis 42,1–43,34

Auch in Kanaan herrschte eine große Hungersnot. Jakob hatte erfahren, dass es in Ägypten Getreide zu kaufen gab. So sagte er zu seinen Söhnen, die ratlos waren wegen des großen Hungers: „Warum schaut ihr einander so an? Ich habe gehört, dass es in Ägypten Getreide zu kaufen gibt. Zieht hin und kauft dort für uns Getreide, damit wir am Leben bleiben und nicht sterben müssen."

Also zogen die zehn Brüder Josefs auf den Befehl ihres Vaters Jakob nach Ägypten, um Getreide zu kaufen. Benjamin, den jüngsten Sohn Jakobs, ließen sie daheim beim Vater. Wie Josef hatte ihn Rahel zur Welt gebracht, deshalb hing Jakob sehr an ihm. Und Jakob hatte Angst, Benjamin könnte ein Unglück zustoßen, wenn er mit den Brüdern nach Ägypten zog.

Eine große Menschenmenge war damals auf dem Weg nach Ägypten. Darunter waren nun auch Josefs Brüder. Schließlich kamen sie zu Josef, der allen Getreide verkaufte, und fielen vor ihm nieder. Josef erkannte in den fremden Männern seine Brüder, doch er gab sich ihnen nicht zu erkennen. Im Gegenteil, er fuhr sie barsch an: „Woher kommt ihr?" Sie antworteten: „Aus Kanaan, um Brotgetreide zu kaufen." Doch Josef entgegnete ihnen streng: „Spione seid ihr. Um nachzusehen, wo das Land eine schwache Stelle hat, seid ihr gekommen." Die Brüder antworteten kleinlaut: „Nein, Herr. Um Brotgetreide zu kaufen, sind deine Knechte gekommen. Wir alle sind Söhne ein und desselben Vaters. Ehrliche Leute sind wir." Als Josef sie weiterhin als Spione beschimpfte, erzählten sie ihm ihre Geschichte: „Wir, deine Knechte, waren zwölf Brüder. Der jüngste ist bei unserem Vater geblieben, und einer lebt nicht mehr." Da sagte Josef zu ihnen: „Ich will euch auf die Probe stellen. Schickt einen von euch zu eurem Vater und bringt mir den jüngsten Sohn." Dann ließ er sie drei Tage ins Gefängnis werfen.

Doch am dritten Tag sagte er: „Gut, ihr könnt heimkehren. Aber einer von euch soll hier im Gefängnis bleiben, bis ihr mit eurem jüngsten Bruder zurückkommt."

Da sprachen die Brüder zueinander: „Wir sind an unserem Bruder Josef schuldig geworden. Wir haben zugesehen, wie er Angst hatte um sein Leben. Und wir haben nicht auf ihn gehört, als er um Erbarmen flehte. Darum ist diese Not über uns gekommen." Sie ahnten nicht, dass Josef sie verstand, denn er hatte über einen Dolmetscher mit ihnen gesprochen. Josef wandte sich ab und weinte. Dann wandte er sich ihnen wieder zu und ließ seinen Bruder Simeon in Haft nehmen.

Die Brüder zogen mit dem Getreide zurück nach Kanaan. Als sie am ersten Abend in einer Herberge Halt machten, entdeckten sie, dass in jedem Sack das Geld, das sie bezahlt hatten, lag. Da bekamen sie Angst, dass man sie als Diebe beschuldigen würde. Als sie zu Jakob kamen, sagten sie ihm: „Wir müssen Benjamin zum Unterkönig Ägyptens bringen." Doch Jakob wollte nicht. Er sagte: „Josef ist tot. Wenn nun auch noch Benjamin stirbt, dann wird mich der Kummer umbringen." Aber als der Hunger immer schlimmer wurde, willigte Jakob schließlich ein, Benjamin mit den Brüdern nach Ägypten ziehen zu lassen. Und er gab ihnen Gastgeschenke mit und den doppelten Geldbetrag, damit man sie nicht als Diebe beschuldigte.

So kamen die Brüder wieder zu Josef. Als Josef Benjamin erblickte, der wie er Rahel als Mutter hatte, wies er seinen Hausverwalter an, ein Tier zu schlachten und es als Mahl zu bereiten. Denn er würde am Mittag mit diesen Leuten speisen. Die Brüder sprachen mit dem Hausverwalter und erzählten ihm voller Angst, dass sie das letzte Mal beim Getreidekauf das Geld wieder in ihren Säcken gefunden hätten. Doch der Hausverwalter beruhigte sie: „Das Geld ist bei mir eingegangen. Euer Gott hat euch ein Geschenk gemacht."
Die Brüder richteten die Geschenke her, die sie für Josef aus ihrer Heimat mitgebracht hatten. Und als Josef zum Mahl kam, überreichten sie ihm die Geschenke. Josef erkundigte sich nach ihrem alten Vater: „Geht es eurem alten Vater gut, von dem ihr erzählt habt?" Sie antworteten: „Deinem Knecht, unserem Vater, geht es gut. Er lebt noch." Dann fragte er nach Benjamin: „Ist das euer jüngster Bruder, von dem ihr mir erzählt habt?" Als sie seine Frage bejahten, war Josef so gerührt, dass ihm Tränen in die Augen traten. Er zog sich in seine Kammer zurück und weinte. Dann wusch er sein Gesicht und befahl, die Speisen zum Mahl aufzutragen. Die Brüder staunten über das reichliche Essen, das man ihnen vorsetzte. Und für Benjamin, den Jüngsten, wurden besonders feine Speisen aufgetragen. Es gab Wein zu trinken und alle waren guter Dinge und fröhlich.

Josef vergibt seinen Brüdern

Genesis 44,1–47,12

Am Ende des Gastmahls befahl Josef seinem Hausverwalter: „Fülle die Getreidesäcke der Männer mit so viel Brotgetreide, wie sie tragen können. Leg das Geld eines jeden oben in den Sack. Meinen Silberbecher aber leg oben in den Sack des Jüngsten." So machten sich die elf Brüder am nächsten Morgen wieder auf den Rückweg. Kurz darauf befahl Josef seinem Hausverwalter: „Auf, jag hinter den Männern her! Wenn du sie eingeholt hast, sag ihnen: ‚Warum habt ihr Gutes mit Bösem vergolten und den Silberbecher gestohlen?'" Der Hausverwalter hatte die Brüder bald eingeholt. Doch auf seine Frage antworteten die Brüder: „Niemals würden wir so etwas tun. Doch wenn sich bei einem von uns der Becher findet, soll derjenige sterben, und wir alle sollen deinem Herrn als Sklaven gehören."

Der Hausverwalter war damit einverstanden und durchsuchte die Säcke. Und der Becher fand sich in Benjamins Sack. Da zerrissen die Brüder ihre Kleider, und zusammen mit ihren Säcken zogen sie in die Stadt zurück. Dort fielen sie vor Josef auf den Boden. Josef aber fuhr sie streng an: „Was habt ihr getan?" Da trat Juda hervor und sagte: „Gott hat unsere Schuld ans Licht gebracht. Nun sind wir alle deine Sklaven." Doch Josef entgegnete: „Nein, nur der Jüngste, Benjamin, soll mein Sklave sein. Ihr aber sollt zurück zu eurem Vater ziehen." Da erwiderte Juda: „Wir können unserem Vater nicht mehr unter die Augen treten, wenn wir seinen jüngsten Sohn nicht zurückbringen, denn vor lauter Kummer wird er sterben. Ich will anstelle Benjamins dein Sklave sein. Ich könnte das Unglück nicht mit ansehen, das sonst über meinen Vater käme."

Als Josef diese Worte hörte, musste er weinen. Er schickte alle Ägypter aus dem Raum. Dann weinte er so laut, dass es die Ägypter im ganzen Haus hörten. Und er sagte zu seinen Brüdern: „Ich bin Josef, euer

Bruder, den ihr nach Ägypten verkauft habt." Die Brüder waren sprachlos. Mit offenen Mündern standen sie da und brachten kein Wort heraus. Doch Josef sagte ihnen: „Grämt euch nicht, weil ihr mich verkauft habt. Nicht ihr habt mich hierher geschickt, sondern Gott, um viele Menschen zu retten. Er hat mich zum Gebieter über ganz Ägypten gemacht. Zieht schnell zu unserem Vater und sagt ihm: ‚Komm nach Ägypten mit deiner ganzen Familie. Du kannst dich in Goschen niederlassen, in meiner Nähe. Ich werde immer für dich sorgen.'" Dann fiel Josef Benjamin um den Hals und weinte. Und auch Benjamin weinte. Nun küsste Josef alle seine Brüder.
So fand das Böse, das die Brüder Josef angetan hatten, ein gutes Ende. Denn Gott hatte alles Böse in Gutes verwandelt. Er hatte Josef aus der Zisterne befreit und ihn zum Gebieter über Ägypten gemacht. So wurde er zum Segen nicht nur für Ägypten, sondern auch für seine Familie. Bei den Ägyptern sprach es sich schnell herum, dass Josefs Brüder gekommen waren. Da sagte der Pharao zu Josef: „Sag deinen Brüdern: ‚Beladet eure Tragtiere und reist nach Kanaan zurück. Holt euren Vater und eure Familien und kommt zu mir. Ich will euch das Beste geben, das Ägypten zu bieten vermag.'" Und er gab ihnen Wagen mit, mit denen sie den Hausrat ihrer Familien nach Ägypten bringen sollten. So zogen die Söhne zurück nach Kanaan und brachten Jakob und ihre Familien und ihren ganzen Besitz nach Ägypten und ließen sich dort nieder.
Jakobs Familie ging es gut in Ägypten. Doch Jakob wurde alt und starb. Josef und seine Brüder zogen nach Kanaan, um ihren Vater dort zu bestatten, denn das hatte sich Jakob von Josef erbeten. Als alle wieder nach Ägypten zurückgekehrt waren, bekamen die Brüder Angst. Sie dachten: „Vielleicht wendet sich Josef jetzt gegen uns." Und so baten sie ihn, er möge ihnen ihre Untat vergeben. Josef musste weinen. Er sagte zu ihnen. „Fürchtet euch nicht! Stehe ich denn an Gottes Stelle? Ihr hattet Böses mit mir im Sinn. Gott aber hatte Gutes dabei im Sinn." So tröstete er seine Brüder, und sie lebten friedlich miteinander in Ägypten.

Mose wird gerettet

Exodus 1; 2,1–22

Jakobs Familie vermehrte sich rasch und wurde zu einem großen Volk in Ägypten. Man nannte sie das Volk der Israeliten, weil Jakob nach seinem Kampf mit Gottes Engel den Namen Israel getragen hatte. Viele Jahre ging es dem Volk gut in Ägypten. Doch dann kam ein neuer Pharao an die Macht, der nichts mehr von Jakob und Josef wusste. Er bekam Angst vor dem großen und starken Volk der Israeliten. Er dachte: „Was geschieht, wenn ein Krieg ausbricht? Vielleicht schließen sie sich den Feinden an und wenden sich gegen uns." Daher beschloss er, sie hart zu behandeln. Die Israeliten wurden unterdrückt und als Sklaven gehalten. Doch je mehr man sie bedrängte, desto stärker vermehrten sie sich. Deshalb befahl der Pharao den israelitischen Hebammen, alle Jungen bei der Geburt zu töten und nur die Mädchen am Leben zu lassen. Doch die Hebammen weigerten sich, dem Befehl des Pharao zu gehorchen. Da befahl der Pharao den Ägyptern: „Werft alle Jungen, die den Israeliten geboren werden, in den Nil!"

Eines Tages wurde eine Israelitin schwanger und gebar einen Sohn. Sie sah, dass das Kind sehr schön war, und sie wollte nicht, dass es starb. Deshalb verbarg sie es vor den Ägyptern. Doch nach drei Monaten war es nicht länger möglich, das Kind verborgen zu halten. So nahm sie ein Binsenkästchen, dichtete es mit Pech und Teer ab und legte den Jungen hinein. Das Binsenkästchen setzte sie am Nilufer im Schilf aus. Die Schwester des Jungen aber blieb in der Nähe stehen, um zu beobachten, was geschehen würde.

Da kam die Tochter des Pharao an den Nil, um zu baden. Sie sah das Kästchen im Schilf und befahl ihrer Magd, es zu holen. Als sie das Kästchen öffnete, erblickte sie darin ein weinendes Kind. Die Tochter des Pharao bekam Mitleid mit ihm. Sie sagte: „Das ist ein Israelitenkind." Da trat die Schwester hervor und sagte der Tochter des Pharao:

„Soll ich zu den Israelitinnen gehen und eine Amme holen, damit sie das Kind stillt?“ Die Tochter des Pharao war einverstanden. So ging die Schwester zu ihrer Mutter und holte sie als Amme. Die Tochter des Pharao gab ihr das Kind und sagte: „Nimm den Kleinen mit und still ihn für mich! Ich werde dich dafür bezahlen.“ So konnte der Junge bei seiner eigenen Mutter aufwachsen.

Als der Junge größer geworden war, brachte seine Mutter ihn der Tochter des Pharao. Die Prinzessin nahm ihn als ihr eigenes Kind an und nannte ihn Mose. Sie sagte: „Ich habe ihn aus dem Wasser gezogen.“ Das bedeutet der Name Mose. So wuchs Mose heran und wurde groß und kräftig.

Eines Tages ging Mose hinaus und sah, wie ein Ägypter einen Israeliten schlug. Da wurde Mose sehr wütend. Er sah sich nach allen Seiten um. Dann erschlug er den Ägypter und verscharrte ihn im Sand. Doch Moses Tat blieb nicht verborgen. Als der Pharao davon hörte, wollte er Mose umbringen lassen. Da floh Mose aus Ägypten und ging nach Midian, um sich dort zu verstecken.

In Midian heiratete Mose Zippora, die Tochter des Priesters Jitro. Sie gebar ihm einen Sohn. Den nannte er Gerschom. Das bedeutet Fremdling. Denn Mose sagte: „Gast bin ich in einem fremden Land.“

Mose erhält einen Befehl von Gott

Exodus 3,1–4,20

Eines Tages weidete Mose die Schafe und Ziegen seines Schwiegervaters. Dabei kam er mit seiner Herde zum Berg Horeb. Da sah er einen Dornbusch, aus dem eine große Flamme hervorloderte. Doch der Dornbusch verbrannte nicht. Mose sagte sich: „Ich will dorthin gehen und mir den Dornbusch genauer ansehen. Warum verbrennt er nicht?" Plötzlich hörte er eine Stimme, die rief: „Mose, Mose!" Mose antwortete: „Hier bin ich." Da sprach Gott zu ihm: „Komm nicht näher heran! Leg deine Schuhe ab; denn der Ort, auf dem du stehst, ist heiliger Boden. Ich bin der Gott deines Vaters, der Gott Abrahams, der Gott Isaaks und der Gott Jakobs." Mose schlug die Hände vor sein Gesicht. Er hatte Angst, Gott anzuschauen. Da sprach Gott zu ihm: „Ich habe das Elend deines Volkes in Ägypten gesehen. Ich habe ihre laute Klage über die Sklaventreiber gehört. Ich kenne ihr Leid.

Ich bin hinabgestiegen, um sie aus der Gefangenschaft zu befreien und in ein schönes und fruchtbares Land zu führen, in dem Milch und Honig fließen." Und Gott forderte Mose auf: „Geh zum Pharao! Führe mein Volk heraus aus Ägypten!" Mose erschrak und antwortete: „Wer bin ich denn, dass ich einfach so zum Pharao gehen und mein Volk aus Ägypten herausführen könnte?" Doch Gott sagte ihm: „Ich bin mit dir. Das soll dir genügen." Aber Mose hatte weiterhin Bedenken: „Wenn ich zu den Israeliten gehe und ihnen sage, der Gott eurer Väter hat mich zu euch geschickt, da werden sie mich fragen: ‚Wie heißt er denn?'" Da antwortete Gott Mose: „Ich heiße ICH BIN DA. Sag den Israeliten: ICH BIN DA hat mich zu euch geschickt. Das ist mein Name für immer."

Doch Mose zögerte noch immer, Gottes Auftrag anzunehmen. Er antwortete Gott: „Was aber, wenn sie mir nicht glauben, dass Gott mir erschienen ist?" Da befahl ihm Gott, seinen Hirtenstab auf die Erde zu werfen. Da wurde der Stab zur Schlange. Dann sollte Mose die Schlange am Schwanz packen. Da wurde sie wieder zu einem Stab. Doch selbst das konnte Mose seine Zweifel nicht nehmen. Er sagte zu Gott: „Herr, ich bin keiner, der gut reden kann. Mein Mund und meine Zunge sind so schwerfällig." Gott ließ diesen Einwand nicht gelten: „Ich bin bei dir und weise dich an, was du sagen sollst." Aber Mose wehrte sich: „Bitte, Herr, schick doch einen anderen." Da wurde Gott ungeduldig. Er sagte: „Gut, dann nimm deinen Bruder Aaron mit. Der kann gut reden. Er soll dem Volk verkünden, was ich dir sage."

Nach diesem Erlebnis verabschiedete sich Mose von seinem Schwiegervater Jitro. Er nahm seine Frau und seinen Sohn, setzte sie auf einen Esel und trat den Rückweg nach Ägypten an. Den Stab hielt er immer in der Hand. Er vertraute Gott, dass er ihn durch den Stab beschützen werde.

Mose geht zum Pharao

Exodus 4,27–6,12

Mose ging zuerst zu seinem Bruder und erzählte ihm alles, was Gott ihm aufgetragen hatte. Dann versammelten sie die Ältesten des Volkes um sich. Und Aaron erklärte ihnen alles, was er von Mose gehört hatte. Schließlich gingen Mose und Aaron zum Pharao. Sie sagten zu ihm: „So spricht der Gott Israels: ‚Lass mein Volk ziehen, damit sie in der Wüste ein Fest für mich feiern!'" Doch der Pharao erwiderte: „Ich kenne den Gott Israels nicht. Und ich denke gar nicht daran, euch ziehen zu lassen." Mose und Aaron versuchten ein zweites Mal, den Pharao zu überzeugen: „Wir wollen nur drei Tagesmärsche weit in die Wüste ziehen, um dort unserem Gott ein Schlachtopfer darzubringen." Doch der Pharao antwortete: „Warum wollt ihr die Leute zum Nichtstun verleiten? Fort mit euch, tut eure Arbeit!" Der Pharao hatte Angst, die Israeliten wollten sich eine Woche lang vor der Arbeit drücken, um ihrem Gott zu opfern. Er kümmerte sich nicht um ihren Glauben, sondern nur darum, dass sie ihre Arbeit taten.

Das Gespräch mit dem Pharao hatte für die Israeliten böse Folgen. Noch am selben Tag gab der Pharao den Sklaventreibern den Befehl, den Israeliten ihre Arbeit zu erschweren. Bisher hatten die Antreiber den Israeliten Stroh gegeben, um daraus Lehmziegel zu machen. Nun sollten sich die Israeliten selbst ihr Stroh suchen, doch sie sollten die gleiche Anzahl an Ziegeln brennen wie bisher. Die Israeliten suchten im ganzen Land nach Stroh. Aber sie kamen mit dem Brennen der Ziegel einfach nicht nach. Da wurden sie von den Antreibern geschlagen. Die Vorsteher der Israeliten gingen zum Pharao und beschwerten sich. „Warum tust du deinen Sklaven das an? Man gibt uns kein Stroh, aber wir sollen genauso viele Ziegel brennen wie bisher. Das geht einfach nicht." Doch der Pharao blieb stur und sagte nur: „Ihr seid nur faul. Seht selbst zu, wie ihr das schafft!"

Als die Vorsteher vom Pharao kamen, trafen sie Mose und Aaron. Sie beschwerten sich bei ihnen: „Ihr habt uns beim Pharao in Verruf gebracht. Jetzt behandelt er uns noch schlimmer." Da schrie Mose zu Gott: „Wozu hast du mich gesandt? Seit ich zum Pharao gegangen bin, behandelt er mein Volk noch schlechter." Doch Gott antwortete Mose: „Du wirst schon sehen, was mit dem Pharao geschieht. Ich werde euch aus Ägypten herausführen. Ihr seid mein Volk, und ich sorge für euch. Ich werde euch in das Land bringen, das ich Abraham, Isaak und Jakob versprochen habe."
Mose versuchte, den Israeliten die Antwort Gottes zu verkünden. Aber sie hörten nicht auf ihn. Da wurde Mose mutlos und dachte: „Wenn schon die Israeliten nicht auf mich hören, wie soll dann der Pharao auf mich hören, gerade auf mich, der ich doch gar nicht gut reden kann?"

Gott schickt zehn Plagen

Exodus 7,1–12,51

Das Leid der Israeliten in Ägypten wurde immer größer. Wieder drängte Gott Mose, zum Pharao zu gehen und ihm zu sagen: „Lass mein Volk ziehen!“ Und Gott sagte zu Mose: „Wenn er sich immer noch weigert, dann zeig ihm, dass ich ein Gott bin, der Wunder wirken kann.“

Mose und Aaron gingen zum Pharao. Als der Pharao nicht auf sie hörte, nahm Aaron seinen Stab und warf ihn auf den Boden. Und er wurde zur Schlange. Doch das beeindruckte den Pharao wenig. Er rief sämtliche Wahrsager und Zauberer Ägyptens zusammen, und sie vollbrachten die gleichen Zauberkunststücke: Sie warfen ihre Stäbe auf den Boden, und auch sie wurden zu Schlangen. Doch Aarons Stab verschlang die Stäbe der Wahrsager. Trotzdem hörte der Pharao nicht auf Mose und Aaron. Er wollte nicht erkennen, dass der Gott der Israeliten stärker war als die Götter, die die Ägypter anbeteten.

Nun befahl Gott Mose, dem Pharao noch andere Zeichen zu geben und Plagen über Ägypten zu bringen, um das Herz des Pharao endlich zu erweichen. Wieder gingen Mose und Aaron zum Pharao, als er gerade zum Baden an den Nil ging, und Aaron sagte: „Unser Gott spricht: ‚Du hast bisher nicht auf mich gehört. Doch nun sollst du sehen, dass ich wirklich Gott bin.‘“ Mit dem Stab in seiner Hand schlug Aaron auf das Wasser des Nil, und es wurde zu Blut. Der Nil war für die Ägypter eine wichtige Lebensgrundlage. Er bewässerte ihr Land, und sie ernährten sich von den vielen Fischen darin. Doch nun war das Wasser eine stinkende

Brühe. Die Fische starben, und die Ägypter konnten das Wasser nicht mehr trinken. Doch der Pharao blieb hart.
Da brachte Gott eine Froschplage über Ägypten. Aus dem Nil kamen Scharen von Fröschen. Sie drangen in die Häuser der Ägypter ein und hüpften auf ihre Betten. Der Pharao bekam Angst. Er bat Mose und Aaron, zu Gott zu beten, dass er die Frösche wegnehmen solle. Dann werde er das Volk ziehen lassen. Mose und Aaron beteten zu Gott, und die Frösche starben. Doch als der Pharao sah, dass die Froschplage vorbei war, wurde sein Herz wieder hart, und er hielt sich nicht an sein Versprechen.
Da brachte Gott Stechmücken über Ägypten. Alle Menschen und Tiere wurden gestochen, keiner blieb verschont. Doch der Pharao blieb hart. Dann kam Ungeziefer über Ägypten und vernichtete die Ernte. Der Pharao bat Mose und Aaron, ihrem Gott ein Schlachtopfer darzubringen, damit die Plage aufhörte. Doch als die Plage vorbei war, verhärtete sich das Herz des Pharao wieder, und er ließ das Volk nicht ziehen. Nun brachte Gott eine Seuche über das Vieh Ägyptens. Doch auch das tat keine Wirkung beim Pharao. Dann kam Staub über das Land und rief bei den Menschen Geschwüre hervor. Doch wieder blieb der Pharao hart. Dann kam ein gewaltiger Hagelsturm über das Land. Der Hagel war so stark, dass er alles Vieh und alle Menschen, die auf dem Feld waren, erschlug. Da sagte der Pharao zu Mose und Aaron: „Ich habe erkannt, dass euer Gott diese Plagen über Ägypten bringt. Ich will euch ziehen lassen, wenn ihr euren Gott bittet, diese Plage von Ägypten zu nehmen." Mose und Aaron beteten, und der Hagel hörte auf. Doch auch dieses Mal verhärtete sich das Herz des Pharao wieder, und er hielt sich nicht an sein Versprechen. Da kamen Heuschrecken über Ägypten und fraßen alles auf. Doch der Pharao ließ sich nicht erweichen. Schließlich kam eine Finsternis über Ägypten. Drei Tage lang blieb es dunkel. Die Leute konnten sich nicht von der Stelle rühren, weil keiner den anderen sehen konnte. Doch auch jetzt blieb der Pharao hart. Er drohte Mose sogar, ihn zu töten, wenn er noch einmal zu ihm kommen würde.

Da verkündete Mose den Ägyptern: „Um Mitternacht wird der Strafengel Gottes kommen und in jedem eurer Häuser den Erstgeborenen töten. An den Häusern der Israeliten aber wird er vorübergehen.“ Die Israeliten bestrichen ihre Türpfosten mit Blut. So erkannte der Todesengel, dass er hier nicht Halt machen durfte. Als die Ägypter merkten, dass alle Erstgeborenen starben, erhoben sie ein lautes Wehklagen. Noch in der Nacht ließ der Pharao Mose und Aaron zu sich rufen und sagte: „Auf, verlasst sofort mein Land, ihr beide und die Israeliten!“

Wie Mose es ihnen aufgetragen hatte, waren die Israeliten bereit zum Aufbruch. Nun baten sie die Ägypter, ihnen Silber und Gold und Gewänder zu geben. Gerne gingen die Ägypter auf diese Bitte ein. Sie konnten es kaum erwarten, frei zu sein von den Israeliten, die solche Not über Ägypten gebracht hatten.

Mose führt das Volk aus Ägypten

Exodus 13,17–15,21

So zogen die Israeliten mit all ihren Herden und ihrem ganzen Besitz aus Ägypten aus. Der Weg führte sie durch die Wüste zum Schilfmeer. Gott selbst zog vor dem Volk her, bei Nacht in einer Feuersäule, bei Tag in einer Wolkensäule. So zeigte Gott ihnen den Weg.
Als der Pharao sah, dass das Volk tatsächlich fort war, wurde sein Herz wieder hart. Er erkannte, dass er jetzt keine Sklaven mehr hatte, die die Städte Ägyptens bauten. Da ließ er seine Streitwagen bespannen und nahm seine Soldaten mit. Mit sechshundert Streitwagen jagte er den Israeliten nach. Auf jedem Wagen waren drei Soldaten. Sie wurden von Pferden gezogen, sodass sie schnell vorankamen.
Die Ägypter holten die Israeliten ein, als diese gerade am Meer lagerten. Die Israeliten erblickten eine große Staubwolke, und in ihr erkannten sie die Ägypter mit ihren Streitwagen. Da überkam sie große Angst. Sie schrien zu Mose und sagten: „Gab es denn keine Gräber in Ägypten, dass du uns zum Sterben in die Wüste führst? Wir wollen lieber Sklaven der Ägypter bleiben.“ Mose aber sagte zum Volk: „Fürchtet euch nicht! Der Herr selbst kämpft für euch. Er wird euch beschützen.“
Dann befahl Mose den Israeliten aufzubrechen. Er selbst hob seinen Stab in die Höhe und streckte seine Hand über das Schilfmeer aus. Da spaltete sich das Meer, und vor ihnen lag ein trockener Durchgang. Rechts und links von ihnen stand das Wasser wie eine Mauer. Nun konnten die Israeliten durch das Meer hindurchziehen. Der Engel Gottes erhob sich als Wolkensäule und schob sich zwischen die Ägypter und die Israeliten. So konnten die Ägypter die Israeliten nicht erreichen. Denn es war dunkel zwischen ihnen und es blitzte und donnerte, sodass die Ägypter Angst bekamen. Doch als die Ägypter merkten, dass die Israeliten durch das Meer zogen, setzten sie ihnen mit ihren Streitwagen nach. Aber Gott hemmte die Räder an ihren Wagen,

sodass sie nur langsam vorankamen. Und Gott sprach zu Mose: „Streck deine Hand über das Meer. Dann wird das Wasser zurückfluten.“ Da strömte das Wasser zurück und verschlang die Ägypter samt ihren Streitwagen, samt ihren Rossen und Reitern. Nicht ein Einziger aus der Streitmacht des Pharao blieb übrig. Die Israeliten sahen die Ägypter tot am Strand liegen. Da fürchtete das Volk den Herrn. Nun glaubten sie wirklich an ihn und sie vertrauten Mose, der im Auftrag Gottes handelte.

Mose aber sang voller Freude vor dem ganzen Volk ein Lied: „Ich singe dem Herrn ein Lied. Denn er ist groß und mächtig. Rosse und Wagen warf er ins Meer.“ Die Prophetin Mirjam, Moses und Aarons Schwester, sang das Lied ein zweites Mal und schlug dazu ihre Pauke. Alle Frauen zogen tanzend hinter ihr her und waren fröhlich. Die Frauen freuten sich, dass sie ohne Kampf über die Ägypter gesiegt hatten. Denn Gott hatte für sie gekämpft.

Das Volk zieht durch die Wüste

Exodus 15,22–16,20; 17,1–7

Die Israeliten zogen nun durch die Wüste. Sie waren froh, von ihren ägyptischen Unterdrückern befreit worden zu sein. Nach drei Tagen aber war ihr Wasservorrat aufgebraucht, und sie fanden in der Wüste kein Wasser. Schließlich kamen sie nach Mara. Dort gab es Wasser. Doch es war bitter, und man konnte es nicht trinken. Das Volk fing an zu murren und sagte zu Mose: „Was sollen wir denn trinken? Wir verdursten in der Wüste." Da befahl Gott Mose, er solle seinen Stab in das Wasser werfen. Mose tat es. Und sofort wurde das Wasser süß. Nun konnten es die Israeliten trinken.

Doch nach einigen Wochen war auch der Vorrat an Brot aufgebraucht. So murrten die Israeliten wieder und sagten zu Mose und Aaron: „Wären wir doch in Ägypten geblieben! Dort hatten wir genug Brot und Fleisch zu essen. Ihr habt uns nur in die Wüste geführt, um alle am Hunger sterben zu lassen." Doch Gott sprach zu Mose: „Ich werde ihnen Fleisch geben und Brot vom Himmel regnen lassen." Mose und Aaron sagten zum Volk: „Heute Abend werdet ihr erkennen, dass Gott selbst euch aus Ägypten geführt hat. Und morgen werdet ihr seine Herrlichkeit sehen." Da kamen am Abend viele Wachteln und bedeckten das Lager. So hatten die Israeliten genügend Fleisch zu essen.

Am nächsten Morgen lag eine Tauschicht rings um das Lager. Als sich der Tau gehoben hatte, blieb etwas Feines, Knuspriges auf dem Wüstenboden zurück. Die Israeliten sahen die Körner auf dem Boden liegen und sagten zueinander: „Was ist das?" Auf Hebräisch, der Sprache der Israeliten, klingt diese Frage so: „Manna?" Daher nannten die Israeliten die Körner Manna. Mose sagte zum Volk: „Das ist das Brot, das der Herr euch zu essen gibt." Und er sagte, sie sollten davon sammeln, so viel, wie jeder brauchte. Doch sie sollten alles am selben Tag essen und nichts für den kommenden Tag aufheben. Jeder hatte genügend

Brot zu essen. Doch manche hatten Angst, dass sie am nächsten Tag wieder hungern müssten, und bewahrten das Manna bis zum nächsten Morgen auf. Doch über Nacht wurde es wurmig und stank. Mose wurde wütend, weil die Leute Gott und seinen Worten nicht vertrauten. Das Volk zog nun weiter durch die Wüste und schlug jeden Abend sein Lager an einem anderen Ort auf. Immer wieder lehnte sich das Volk gegen Mose auf, weil es oft kein Wasser fand. Mose war enttäuscht von der Ungeduld und dem Unglauben seines Volkes. Er schrie zu Gott: „Was soll ich mit diesem Volk anfangen? Es fehlt nur wenig, und sie töten mich." Doch Gott befahl Mose, er solle seinen Stab an einen Felsen schlagen. Mose tat es, und sofort floss klares Wasser aus dem Felsen heraus. Da hatte das Volk wieder genügend zu trinken.

Doch Mose hatte es nicht leicht mit dem Volk. Immer wieder murrten die Leute, weil sie zu wenig zum Essen und Trinken hatten. Sie schätzten die Freiheit nicht, die ihnen Gott geschenkt hatte, und sehnten sich zurück nach den Fleischtöpfen Ägyptens. Sie sagten: „Wir denken an die Fische, die wir in Ägypten umsonst zu essen bekamen, an die Gurken und Melonen, an den Lauch, an die Zwiebeln und an den Knoblauch. Jetzt vertrocknet uns die Kehle, nichts bekommen wir zu essen als immer nur Manna." Mose wurde missmutig, als er das Volk ständig jammern hörte. Er sagte zu Gott: „Warum behandelst du deinen Knecht so schlecht? Ich kann dieses Volk nicht allein tragen. Es ist mir zu schwer. Wenn du mich so behandelst, dann bring mich lieber um." Doch Gott stärkte Mose immer wieder den Rücken. Und er versprach ihm, dem Volk in der Wüste immer genügend Fleisch und Brot zum Essen zu geben und immer wieder Wasserquellen entspringen zu lassen.

Mose erhält die Zehn Gebote

Exodus 19,1–20,17; 24; 31,18

Auf ihrem Weg durch die Wüste kam das Volk zum Berg Sinai und schlug an dessen Fuß sein Lager auf. Mose stieg auf den Berg, und Gott sprach zu ihm: „Wenn ihr auf meine Stimme hört, dann wird es euch gut gehen. Das Volk soll sich waschen und neue Kleider anziehen und sich für mich bereit machen. Denn ich will ihnen auf dem Berg erscheinen." Mose gab Gottes Botschaft an das Volk weiter.

Am dritten Tag begann es zu donnern und zu blitzen. Schwere Wolken hingen über dem Berg, und man hörte laute Hörner erklingen. Da bekam das Volk Angst und begann zu zittern.

Auf den Befehl Gottes stieg Mose trotz des Gewitters auf den Berg. Dort sprach Gott zu ihm: „Ich bin Jahwe, dein Gott, der dich aus Ägypten herausgeführt hat. Damit es dem Volk immer gut geht und es die Freiheit schätzt, die ich ihm geschenkt habe, sollt ihr folgende Gebote einhalten:

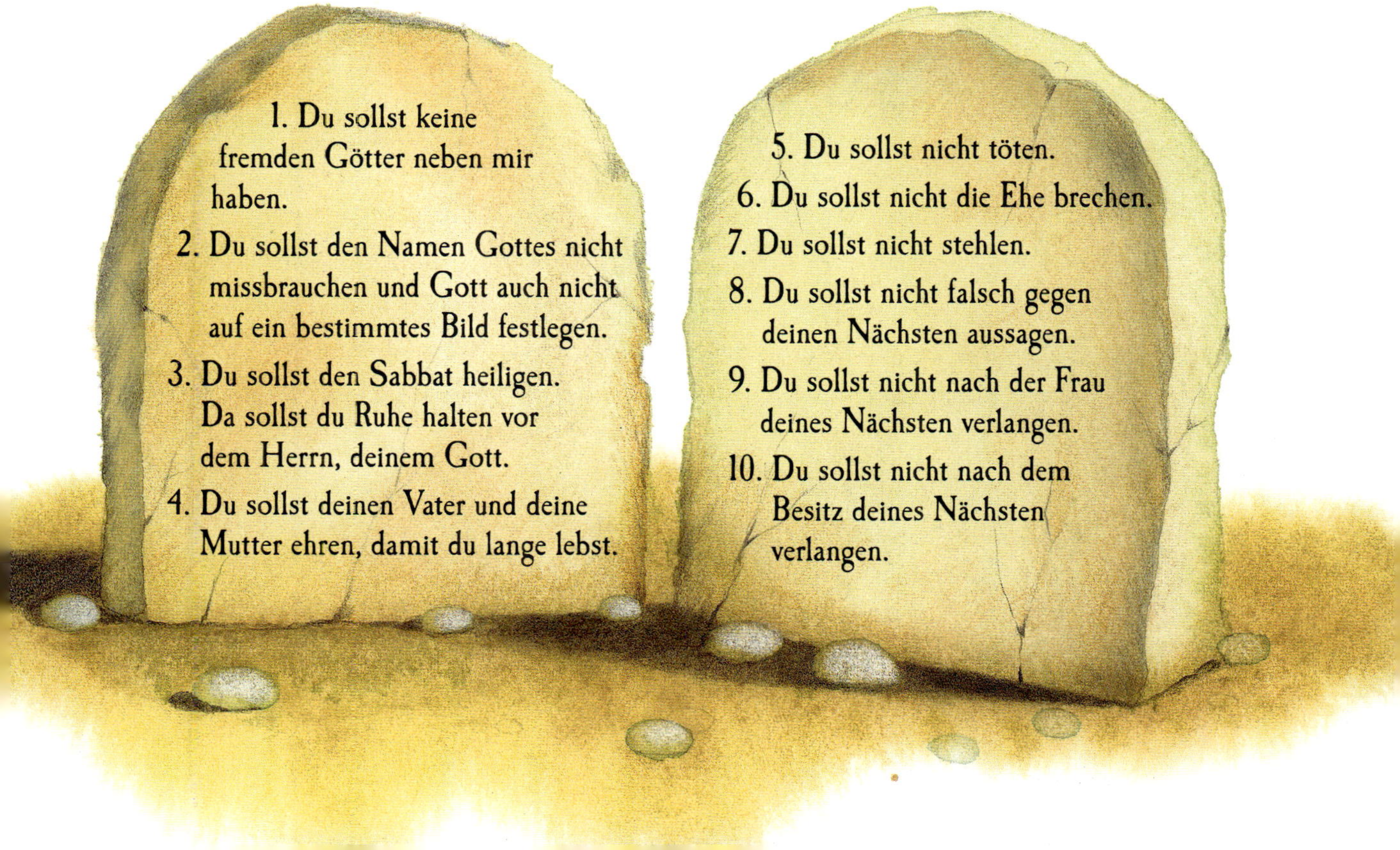

Gott gab Mose die Zehn Gebote, damit das Volk friedlich und in Freiheit und Glück vor Gott leben konnte.
Als Mose vom Berg herabgestiegen war, verkündete er dem Volk die Zehn Gebote. Das Volk antwortete ihm: „Alles, was der Herr gesagt hat, wollen wir tun." Das Volk war dankbar für diese Gebote. Es spürte, dass Gott es gut mit ihm meinte. Dann errichtete Mose einen Altar und brachte Gott Brandopfer dar. Die Hälfte des Blutes goss Mose über den Altar. Mit der anderen Hälfte besprengte er das Volk und sagte zu ihm: „Das ist das Blut des Bundes, den der Herr mit euch geschlossen hat." So besiegelte Mose den Bund zwischen Gott und dem Volk. Gott verpflichtete sich, dem Volk beizustehen. Und das Volk verpflichtete sich, alle Worte Gottes und alle seine Weisungen zu befolgen.
Gott befahl Mose, nochmals auf den Berg zu steigen, der immer noch von einer Wolke umhüllt war. Dort übergab Gott Mose zwei Steintafeln, auf die er selbst die Zehn Gebote geschrieben hatte.

Das Volk tanzt um das goldene Kalb

Exodus 24,18; 32,1–33,6

Mose blieb viele Tage und Nächte auf dem Berg Sinai. Das Volk wartete auf ihn, doch schließlich wurde es ungeduldig. Sie sagten zu Aaron, dem Bruder des Mose: „Wir wissen ja gar nicht, ob Mose wieder zurückkommt. Wir kennen diesen Gott nicht, der sich da in der Wolke verbirgt. Mach du uns einen Gott, den wir sehen und berühren können." Aaron wagte es nicht, dem Volk zu widersprechen. Er befahl den Israeliten, ihren Goldschmuck zusammenzutragen, damit man ein goldenes Kalb daraus machen konnte. Da nahmen sie alle ihren Schmuck ab und brachten ihn zu Aaron. Aaron machte eine Zeichnung. Und nach dieser Zeichnung goss man aus dem Gold ein Kalb. Aaron baute einen Altar für das goldene Kalb. Und er verkündete: „Morgen werden wir ein Fest feiern." Am folgenden Morgen standen alle früh auf und feierten ein großes Fest. Sie aßen und tranken und waren fröhlich. Und sie tanzten ausgelassenen um das goldene Kalb herum.

Gott sah den fröhlichen Tanz der Israeliten. Da befahl er Mose: „Geh, steig hinunter, denn dein Volk, das du aus Ägypten herausgeführt hast, läuft ins Verderben." Gott war enttäuscht über das Volk. Am liebsten hätte er es vernichtet. Doch Mose trat für das Volk ein. Er besänftigte Gott und sprach: „Wenn du das Volk nun in der Wüste vernichtest, werden die Ägypter voller Schadenfreude sein. Und unser Auszug aus Ägypten war ganz umsonst." Da ließ Gott sich von Mose umstimmen. Mose nahm nun die beiden Steintafeln, die Gott selbst beschrieben hatte, und stieg vom Berg hinab zum Volk in der Wüste. Da hörte er ihr lautes Geschrei und sah ihr fröhliches Tanzen. Als Mose dem Lager näher kam, stieg ein großer Zorn in ihm auf. Er schleuderte die Steintafeln von sich und zerschmetterte sie am Fuß des Berges. Dann packte er das Kalb, das sie gemacht hatten, und verbrannte es im Feuer.

Was im Feuer übrig blieb, das zerstampfte er zu Staub. Den Staub streute er ins Wasser. Und dieses Wasser gab er den Israeliten zu trinken. Schließlich ging er zu Aaron, seinem Bruder, und stellte ihn zur Rede. Doch Aaron verteidigte sich und sagte: „Du weißt doch selbst, wie böse das Volk ist. Ich konnte mich nicht gegen ihren Wunsch zur Wehr setzen."
Mose erschrak, als er sah, wie verwildert das Volk war. Da schrie er zu Gott und bat ihn, dem Volk seine Schuld zu vergeben. Gott war bereit, dem Volk noch einmal zu vergeben. Er sagte zu Mose: „Jetzt geh und führe dein Volk, wohin ich dir gesagt habe. Mein Engel wird dir vorangehen." Und er wies Mose an, zwei neue Steintafeln zu machen, auf die er noch einmal die Zehn Gebote schrieb. So zogen die Israeliten weiter durch die Wüste. Sie bereuten, was sie getan hatten. Der Engel des Herrn zog vor ihnen her. So kamen sie gut voran auf ihrem Weg durch die Wüste.

Mose schickt Kundschafter aus

Numeri 13,1–14,35

Endlich kam das Volk in die Nähe von Kanaan, dem Land, das Gott ihm versprochen hatte. Auf Gottes Befehl wählte Mose aus jedem Stamm geeignete Männer aus und schickte sie als Kundschafter nach Kanaan. Er gab ihnen Anweisungen für ihren Weg: „Zieht von hier aus zuerst durch die Ebene und dann steigt in das Gebirge hinauf. Schaut, wie das Land beschaffen ist. Und beobachtet das Volk, ob es große oder kleine, schwache oder kräftige Menschen sind. Betrachtet auch die Felder, ob sie Frucht tragen, und die Bäume, ob sie dort gut wachsen. Und bringt Früchte von den Bäumen und den Feldern und von den Weinbergen mit." Da zogen die Kundschafter in das Land und erforschten alles. Sie kamen auch durch das Traubental. Dort schnitten sie eine große Rebe mit Weintrauben ab und trugen sie zu zweit auf einer Stange. So groß waren die Weintrauben. Und sie nahmen Granatäpfel und Feigen mit.

Vierzig Tage lang erkundeten die Männer das Land. Dann machten sie sich auf den Rückweg. Als die Kundschafter zu Mose, Aaron und der ganzen Gemeinde zurückkamen, berichteten sie ihnen, was sie gesehen hatten. Und sie zeigten dem Volk die Früchte, die sie mitgebracht hatten. Sie sagten: „Es ist wirklich ein Land, in dem Milch und Honig fließen; das hier sind seine Früchte. Aber das Volk, das im Land wohnt, ist stark, und die Städte sind befestigt und sehr groß. Und es wohnen Riesen in dem Land." Das Volk bekam Angst, als die Kundschafter von den Riesen erzählten. Doch Kaleb, einer der Kundschafter, versuchte, das Volk zu beruhigen. Er sagte: „Wir können trotzdem hineinziehen und das Land in Besitz nehmen, so wie Gott es uns versprochen hat." Doch die anderen Kundschafter machten dem Volk weiter Angst. Sie sagten: „Gegenüber den Riesen, die wir gesehen haben, kamen wir uns klein vor wie Heuschrecken."

Nachdem sie den Bericht der Kundschafter gehört hatten, erhoben die Leute ein lautes Geschrei. Das Volk weinte und jammerte die ganze Nacht. Sie sagten zu Mose und Aaron: „Wären wir doch in Ägypten geblieben! Warum will Gott uns in dieses Land führen? Dort werden wir alle umkommen. Unsere Frauen und Kinder werden zur Beute der Feinde. Unsere lange Wanderung durch die Wüste war sinnlos, wenn wir ein solch schreckliches Ende finden." Und sie sagten zu Mose, dass sie einen neuen Anführer wählen und mit ihm nach Ägypten zurückkehren wollten. Von Mose wollten sie nichts mehr wissen.

Da warfen sich Mose und Aaron vor dem ganzen Volk auf ihr Gesicht nieder und beteten zu Gott. Josua und Kaleb, die unter den Kundschaftern waren, besänftigten das Volk und sagten: „Das Land, das wir durchwandert haben, ist schön und wunderbar. Gott schenkt uns ein Land, in dem Milch und Honig fließen. Habt keine Angst vor den Leuten, die dort wohnen. Gott ist mit uns. Wir werden sicher siegen."

Doch die Leute hörten nicht auf Josua und Kaleb. Sie hoben Steine auf und warfen sie nach ihnen. Da sprach Gott zu ihnen: „Keiner von euch soll in das neue Land kommen. Nur Josua und Kaleb, die mir vertraut haben, werden das Land betreten und die Früchte des Landes genießen. Vierzig Jahre sollt ihr durch die Wüste ziehen, bis alle, die jetzt gemurrt haben, gestorben sind. Nur eure Kinder werden das Land kennenlernen."

Bileam segnet das Volk

Numeri 22,1–24,25

Nun zog das Volk wieder durch die Wüste. In den Steppen von Moab schlugen sie ihr Lager auf. Die Menschen, die dort lebten, bekamen Angst vor den Israeliten. Vor allem Balak, der König der Moabiter, hatte große Angst, die Israeliten könnten sein Volk besiegen und ausrotten. Deshalb schickte er eine große Gesandtschaft zu dem berühmten Seher Bileam. Er ließ Bileam ausrichten: „Die Israeliten bedecken das ganze Land. Sie sind mächtiger als mein Volk. Wir können nichts gegen sie ausrichten. Komm her und verfluche das Volk. Ich werde dich reichlich dafür belohnen."

Die Boten Balaks kamen zu Bileam und baten ihn, mit ihnen zu kommen, um die Israeliten zu verfluchen. Doch Bileam weigerte sich, mit ihnen zu gehen. Gott hatte ihm gesagt: „Du darfst das Volk Israel nicht verfluchen, denn ich habe es gesegnet."

So kehrten die Boten ohne Bileam zu König Balak zurück und erzählten ihm alles. Da schickte der König eine zweite Gesandtschaft zu Bileam, dieses Mal die vornehmsten Boten, die er hatte. Und sie versprachen dem Seher noch mehr Geld. Wieder sprach Gott zu Bileam. Er sagte: „Geh mit den Männern mit, aber tu nur das, was ich dir sage." Da sattelte Bileam seine Eselin und machte sich mit den Hofleuten auf nach Moab. Doch unterwegs stellte sich ihnen der Engel Gottes in den Weg, in der Hand das gezückte Schwert. Bileams Eselin sah den Engel mit dem Schwert und blieb stehen. Bileam selbst konnte den Engel nicht sehen. Er wurde wütend und schlug seine Eselin, um sie anzutreiben, und das Tier ging weiter. Doch auf dem engen Weg zwischen den Weinbergen, der zu beiden Seiten hohe Mauern hatte, stellte sich der Engel wieder in den Weg. Die Eselin drängte sich an die Mauer und drückte dabei Bileams Bein gegen die Steine. Der Seher wurde noch wütender und schlug wieder auf seine Eselin ein.

Der Engel aber ging weiter und stellte sich an einer ganz engen Stelle, an der es kein Ausweichen gab, in den Weg. Die Eselin sah den Engel und ging in die Knie. Nun wurde Bileam richtig zornig und schlug die Eselin noch heftiger als zuvor. Er konnte den Engel immer noch nicht sehen. Da begann die Eselin auf einmal zu sprechen. Sie sagte zu Bileam: „Was habe ich dir getan, dass du mich jetzt schon zum dritten Mal schlägst?" Bileam entgegnete: „Du hältst mich zum Narren. Wenn ich ein Schwert hätte, hätte ich dich längst getötet." Da öffnete Gott Bileam endlich die Augen. Nun sah auch der Seher den Engel mit gezücktem Schwert in der Hand. Er erschrak und warf sich vor dem Engel nieder. Der Engel sprach zu Bileam: „Warum hast du deine Eselin dreimal geschlagen? Ich bin es doch, der dir in den Weg getreten ist, weil mir der Weg, den du gehst, zu abschüssig ist." Da bat Bileam um Vergebung und sagte: „Wenn es in deinen Augen Unrecht ist, was ich tue, will ich wieder umkehren." Doch der Engel antwortete: „Geh nur mit den Hofleuten. Aber rede nichts, außer das, was ich dir sage." So zog Bileam mit den Hofleuten zu König Balak.
Als sie dort ankamen, befahl Balak ihm nochmals, das Volk Israel zu verfluchen. Doch Bileam antwortete: „Ich kann nur sagen, was Gott mir befiehlt." Dreimal versuchte Bileam, die Israeliten zu verfluchen, doch jedes Mal sprach er einen Segen über ihnen aus, so wie Gott es ihm eingab. Da sah auch der König ein, dass er Bileam nicht dazu bringen konnte, das Volk Israel zu verfluchen. Denn Gott war mit Bileam und Gott hatte das Volk gesegnet. Und diesen Segen konnte niemand vom Volk nehmen.

Josua schickt Spione nach Jericho

Josua 2

Als Mose spürte, dass er bald sterben würde, bestimmte er Josua zu seinem Nachfolger. Er selbst konnte Kanaan, das Gelobte Land, nicht mehr betreten. Doch vom Gipfel des Berges Nebo aus durfte er einen Blick auf das Land werfen. Nach seinem Tod trauerte das Volk dreißig Tage lang. Nie mehr wieder gab es einen Propheten wie ihn in Israel.

Nun sollte Josua mit dem Volk über den Jordan ziehen und das Gelobte Land in Besitz nehmen. Doch bevor Josua das tat, schickte er zwei Kundschafter in die Stadt Jericho. Als die beiden dort ankamen, kehrten sie in einem Haus ein, das an der Stadtmauer lag. Es gehörte einer Frau namens Rahab. Doch ihre Ankunft war nicht unbemerkt geblie-

ben. Man meldete dem König, dass zwei fremde Männer bei Rahab übernachteten. Der König schickte Boten zu Rahab und ließ ihr sagen: „Gib die Männer heraus, die in deinem Haus eingekehrt sind. Denn sie sind gekommen, um unser Land auszukundschaften.“ Doch Rahab versteckte die beiden Männer. Den Boten des Königs sagte sie: „Ja, die Männer sind zu mir gekommen. Doch bei Einbruch der Dunkelheit sind sie weggegangen, und ich weiß nicht, wohin. Lauft ihnen schnell nach, dann könnt ihr sie vielleicht noch einholen.“ Die beiden Männer aber lagen auf dem flachen Dach unter dem Flachs versteckt.
Nachdem die Boten des Königs die Verfolgung der Männer aufgenommen hatten und man die Stadttore der Stadt geschlossen hatte, ging Rahab zu den Männern auf dem Dach und sagte zu ihnen: „Ich weiß, dass der Herr euch das Land versprochen hat. Wir haben gehört, wie Gott euch geholfen hat und das Schilfmeer austrocknen ließ, damit ihr trockenen Fußes hindurchziehen konntet. Ich weiß, dass der Herr euer Volk gesegnet hat. Daher bitte ich euch: Versprecht mir, dass ihr meine Familie, meinen Vater, meine Mutter, meine Brüder und Schwestern genauso freundlich behandelt, wie ich euch behandelt habe. Und gebt mir ein sicheres Zeichen, dass ihr uns am Leben lasst.“ Die Männer antworteten ihr: „Wir bürgen mit unserem Leben für euch. Euch wird nichts geschehen, wenn ihr uns nicht verratet.“ Da ließ die Frau die beiden Männer mit einem Seil durch das Fenster die Stadtmauer hinab. Und sie gab den Männern den Rat, ins Gebirge zu gehen und sich dort drei Tage zu verstecken. Dann seien sie sicher vor ihren Verfolgern. Die Männer versprachen ihr: „Wenn du diese purpurrote Schnur an dein Fenster bindest, dann werden wir jeden, der in deinem Haus ist, verschonen. Doch wer aus dem Haus tritt, ist selbst schuld. Dann können wir nicht für ihn bürgen.“ Und sie schworen ihr einen Eid, dass sie sich daran halten würden.

Das Volk erobert Jericho

Josua 6

Josua zog mit dem Volk durch den Jordan. Als sie sich der Stadt Jericho näherten, sahen sie, dass die Stadttore fest verschlossen waren. Da befahl Gott Josua, seine Priester sechs Tage lang die Stadt umkreisen zu lassen. Auf ihren Schultern sollten sie die Bundeslade tragen, eine Truhe, in der die beiden Steintafeln mit den Zehn Geboten aufbewahrt wurden. Die Priester sollten dabei ihre Hörner und Trompeten blasen. Das Volk sollte jedoch erst dann sein Kriegsgeschrei erheben, wenn Josua es ihm befahl. Da zogen die Priester mit der Bundeslade um die Stadt, sechs Tage lang. Am siebten Tag aber zogen sie siebenmal um die Stadt und bliesen dabei ständig ihre Hörner. Als die Priester das siebte Mal ihre Hörner bliesen, sagte Josua zum Volk:

„Nun erhebt euer Kriegsgeschrei! Denn der Herr hat die Stadt in eure Gewalt gegeben. Alles in ihr ist dem Untergang geweiht. Nur Rahab und alle, die bei ihr im Haus sind, sollen am Leben bleiben. Denn sie hat die Boten versteckt, die wir ausgesandt hatten." Beim Schall der Hörner erhob das Volk ein lautes Kriegsgeschrei. Da begann die Stadtmauer zu zittern und stürzte in sich zusammen. Nun konnten die Israeliten über die Stadtmauer steigen und in die Stadt eindringen. So eroberten sie die Stadt.
Zu den beiden Männern, die die Stadt erkundet hatten, sagte Josua: „Holt Rahab und alles, was ihr gehört, aus ihrem Haus, so wie ihr es ihr geschworen habt." Da gingen die beiden Männer und holten Rahab, ihren Vater, ihre Mutter, ihre Brüder und Schwestern und alles im Haus und führten sie aus der Stadt hinaus. Dann zeigten sie ihnen außerhalb ihres Lagers einen Ort, an dem sie sich niederlassen konnten. So konnte Rahabs Familie noch lange mitten unter den Israeliten leben. Ihre Familie und ihre Nachkommen waren geschützt, weil sie die Kundschafter so freundlich aufgenommen und sie vor dem König bewahrt hatte.
Nach und nach nahmen die Israeliten das ganze Land ein. Sie ließen sich nieder, bauten Häuser und bepflanzten ihre Felder. Es ging ihnen gut in Kanaan, dem Land, das Gott ihnen gegeben hatte. Nach den Menschen, die dort lebten, nannte man das Land später Israel.

Noomi und Rut

Rut 1–4

Viele Jahre waren vergangen, seit das Volk ins Land gekommen war, und in Israel herrschte eine schreckliche Hungersnot. Da zog ein Mann mit seiner Frau und seinen beiden Söhnen in das fruchtbare Nachbarland Moab. Der Mann hieß Elimelech und seine Frau Noomi. Die beiden hatten zwei Söhne, die Frauen aus Moab heirateten. Schließlich starb Noomis Mann, und kurz darauf starben auch ihre Söhne. Nun hatte sie nur noch ihre beiden Schwiegertöchter, Orpa und Rut.

Noomi hatte Heimweh nach ihrer Heimat. Sie hörte, dass die Hungersnot in ihrem Land vorüber war und es wieder genügend Brot zu essen gab. So brach sie mit ihren beiden Schwiegertöchtern auf, um in ihre Heimatstadt Betlehem zu ziehen.

Kurz bevor sie in Betlehem ankamen, sagte Noomi zu ihren beiden Schwiegertöchtern: „Kehrt doch heim zu euren Müttern! Gott möge so gut zu euch sein, wie ihr es zu mir und meinen Söhnen wart. Ihr sollt neue Männer finden und glücklich werden." Noomi küsste ihre beiden Schwiegertöchter zum Abschied. Doch Orpa und Rut begannen laut zu weinen und riefen: „Nein, wir wollen mit dir zu deinem Volk gehen." Doch Noomi entgegnete ihnen: „Seht her, ich bin alt. Ich kann euch keine Männer schenken. Es wäre doch schade, wenn ihr ohne Mann weiterleben müsst." Da weinten die beiden Schwiegertöchter wieder. Orpa aber nahm sich die Worte ihrer Schwiegermutter zu Herzen. Sie gab Noomi einen Abschiedskuss und kehrte nach Moab zurück. Noomi drängte Rut, Orpa zu folgen. Doch Rut antwortete: „Wohin du gehst, dahin gehe auch ich. Und wo du bleibst, da bleibe auch ich. Dein Volk ist mein Volk, und dein Gott ist mein Gott. Wo du stirbst, da sterbe auch ich, da will ich begraben werden." Noomi war gerührt, weil Rut sie so sehr liebte. So zogen die beiden Frauen zusammen nach Betlehem.

Als sie dort angekommen waren, geriet die ganze Stadt in Aufruhr. Die Leute sagten: „Ist das nicht Noomi?“ Doch Noomi sagte: „Nennt mich nicht Noomi, die Liebliche, sondern Mara, die Bittere. Denn ich habe viel Leid erfahren. Mit leeren Händen kehre ich zurück in meine Heimat.“

Die beide Frauen lebten davon, dass sie hinter den Schnittern hergingen und das Korn, das übrig geblieben war, aufsammelten. Eines Tages geriet Rut auf das Feld von Boas. Boas war sehr freundlich zu ihr. Er sagte: „Geh auf kein anderes Feld. Auf meinen Feldern kannst du dir nehmen, was du brauchst.“ Rut war sehr froh. Sie fiel vor Boas nieder und sagte: „Womit habe ich es verdient, dass du mich so gut behandelst, obwohl ich doch eine Fremde bin?“ Aber Boas sagte zu ihr: „Mir wurde gesagt, wie gut du zu deiner Schwiegermutter bist.“ An diesem Abend brachte Rut viel Korn zu ihrer Schwiegermutter Noomi. Und sie erzählte ihr, wie freundlich der Besitzer des Feldes zu ihr gewesen war. Noomi fragte nach seinem Namen, und Rut sagte: „Er heißt Boas.“ Da rief Noomi: „Gelobt sei Gott! Das ist ein Verwandter von mir. Bleib nur immer in seiner Nähe, dann wird es uns gut gehen.“

Ein paar Tage später sagte Noomi zu Rut: „Ich möchte, dass du wieder heiratest und glücklich wirst.“ Noomi wusste, dass Boas als Verwandter das Recht hatte, ihre Schwiegertochter zu heiraten. Deshalb erklärte sie Rut: „Heute Abend wird Boas Gerste dreschen. Warte, bis Boas fertig ist mit Dreschen und merke dir den Ort, wo er sich hinlegt. Dann geh hin und leg dich zu seinen Füßen nieder.“ Rut antwortete Noomi: „Alles, was du sagst, will ich tun.“

Boas hatte nach der Arbeit gegessen und Wein getrunken, und er fühlte sich wohl. So legte er sich neben dem Getreidehaufen schlafen. Als Boas eingeschlafen war, legte sich Rut zu seinen Füßen nieder. Um Mitternacht wachte Boas auf und erschrak, als er eine Frau zu seinen Füßen liegen sah. Er fragte sie: „Wer bist du?“ Sie antwortete: „Ich bin Rut. Breite dein Gewand über mich und beschütze mich.“ Da sagte

Boas zu ihr: „Gesegnet bist du! Denn du bist nicht den jungen Männern nachgelaufen. Ich will dich gerne heiraten. Aber es gibt noch einen anderen Mann aus deiner Verwandtschaft, der das Recht hat, dich zu heiraten. Ich muss ihn erst fragen, ob er auf sein Recht verzichtet."
Am nächsten Morgen traf Boas seinen Verwandten, der auch das Recht hatte, Rut zu heiraten. Er nahm zehn Männer mit, um über die Heirat zu verhandeln. Der Verwandte verzichtete auf sein Recht und sagte zu Boas: „Du kannst sie gerne heiraten." Und zum Zeichen, dass der Vertrag gültig war, zog er seinen Schuh aus und gab ihn Boas. Und Boas sagte zu den Männern: „Ihr seid Zeugen, dass ich Rut zur Frau erworben habe." Die Männer antworteten: „Wir sind Zeugen. Gott segne dich und Rut und eure Kinder."
Boas nahm Rut zur Frau. Sie wurde schwanger und gebar einen Sohn. Da kamen die Leute zu Noomi und sagten zu ihr: „Gott sei gepriesen! Er hat dir einen Enkel geschenkt. Du wirst jemanden haben, der dein Herz erfreut und dich im Alter versorgt." Noomi nahm das Kind und drückte es an ihre Brust, voller Dankbarkeit und Glück, dass Gott ihr ein Enkelkind geschenkt hatte. Die Leute gaben dem Sohn den Namen Obed. Obed ist der Vater Isais, und Isai ist der Vater Davids. David wurde zum bedeutendsten König in Israel, und aus seiner Familie ging Jesus hervor. So wurde Rut, eine Ausländerin, zum Segen für das ganze Volk Israel.

Samuel wird Tempeldiener

1 Samuel 1–3

Im Gebirge Efraim lebte ein Mann mit Namen Elkana. Er hatte zwei Frauen: Pennina und Hanna. Pennina hatte Kinder. Hanna aber hatte keine Kinder. Jedes Jahr zog Elkana mit seinen beiden Frauen und seinen Kindern nach Schilo, um dort im Tempel zu Gott zu beten. Oft machte sich Pennina über Hanna lustig und demütigte sie, weil sie keine Kinder hatte. Hanna tat das sehr weh. Sie weinte und ging in den Tempel. Dort klagte sie Gott ihr Leid und sie bat ihn, er möge ihr doch einen Sohn schenken. Sie sagte: „Wenn ich einen Sohn bekomme, dann soll er Priester werden und nur dir dienen."

Hanna betete still zu Gott und bewegte dabei nur ihre Lippen. Der Priester Eli beobachtete sie und dachte, sie sei betrunken. Er sagte zu ihr: „Geh und sieh zu, dass du deinen Weinrausch loswirst." Doch Hanna antwortete ihm: „Ich bin eine unglückliche Frau. Ich habe weder Wein noch Bier getrunken. Ich habe nur dem Herrn mein Herz ausgeschüttet." Da segnete Eli sie und sagte zu ihr: „Geh in Frieden. Gott wird dir deine Bitte erfüllen." So zog Hanna wieder mit ihrem Mann ins Gebirge zurück. Und Gott erfüllte tatsächlich ihre Bitte: Hanna wurde schwanger und brachte einen Sohn zur Welt. Sie nannte ihn Samuel. Sein Name bedeutet: „Ich habe ihn vom Herrn erbeten."

Als Samuel ein paar Jahre alt war, zog Hanna nach Schilo zum Tempel und nahm ihren kleinen Sohn mit. Sie brachte ihn zum Priester Eli und sagte: „Ich bin die Frau, die damals neben dir stand, um zum Herrn zu beten. Gott hat mir einen Sohn geschenkt. Ich schenke ihn Gott zurück. Daher lasse ich ihn bei dir, damit er sein ganzes Leben lang Gott dient." Dann dankte Hanna Gott und sang ihm ein Loblied: „Mein Herz ist voll Freude über den Herrn. Große Kraft gibt mir der Herr. Ich freue mich über deine Hilfe." Hanna kehrte nach Hause zurück und ließ ihren Sohn Samuel beim Priester Eli.

Im Tempel lernte Samuel alles, was er wissen musste, um Gott zu dienen. Seine Mutter brachte ihm jedes Jahr ein neues Gewand, wenn sie mit ihrem Mann nach Schilo kam, um zu Gott zu beten. Der Priester Eli segnete Hanna und Elkana und sagte: „Gott möge euch noch weitere Kinder schenken. Denn ihr habt euren ersten Sohn dem Herrn geweiht." Die beiden bekamen noch drei Söhne und zwei Töchter.

Eines Nachts schlief Samuel im Tempel. Da hörte er eine Stimme, die seinen Namen rief. Samuel lief zu Eli und sagte: „Hier bin ich. Du hast mich gerufen." Doch Eli antwortete: „Ich habe dich nicht gerufen. Geh wieder schlafen." Samuel legte sich wieder hin. Da hörte er ein zweites Mal seinen Namen. Wieder lief Samuel zu Eli und sagte: „Hier bin ich. Du hast mich gerufen." Doch Eli antwortete: „Ich habe dich nicht gerufen." Und er schickte ihn wieder schlafen. Da rief Gott Samuel zum dritten Mal. Samuel stand auf und ging zu Eli und sagte: „Hier bin ich. Du hast mich gerufen." Da merkte Eli, dass Gott selbst nach Samuel gerufen hatte. Er sagte zu ihm: „Geh, leg dich schlafen. Wenn er dich wieder ruft, dann antworte: ‚Rede, Herr, dein Diener hört.'" Samuel tat, was Eli ihm gesagt hatte. Da sprach Gott zu ihm: „Elis Söhne müssen bestraft werden. Denn sie sind böse und hören nicht auf mich." Samuel hatte Angst, Eli von Gottes Botschaft zu berichten, doch Eli sagte, er dürfe ihm nichts verheimlichen. Da erzählte ihm Samuel, was Gott gesagt hatte. Eli antwortete: „Es ist der Herr. Was immer er will, soll geschehen." Kurze Zeit später starben Elis Söhne im Kampf gegen ein feindliches Volk, die Philister.

Samuel aber wuchs heran und diente dem Herrn. Gott sprach immer wieder zu ihm im Schlaf, und Samuel hörte auf das, was Gott ihm sagte. Das Volk erkannte, dass Gott Samuel zum Propheten berufen hatte, und befolgte seinen Rat. So wurde Samuel zum obersten Richter in Israel.

David kämpft gegen Goliat

1 Samuel 8–10; 16–17

In Israel waren zu jener Zeit die Richter die wichtigsten Männer im Volk. Einen König gab es nicht. Doch als die Israeliten sahen, dass die anderen Völker mächtige Könige hatten, wollten auch sie einen König. Samuel warnte sie, ihr einziger König sei Gott und sollte es immer bleiben. Doch das Volk beharrte auf seinem Wunsch, und so befahl Gott Samuel, dass er den Heerführer Saul zum ersten König über Israel salben sollte. Saul wurde also König auf Gottes Befehl, aber er hörte nicht auf das, was Gott ihm sagte. Er führte das Volk immer wieder in neue Kriege, in denen viele Menschen sterben mussten.

Deshalb gab Gott Samuel eines Tages den Befehl, zu Isai nach Betlehem zu gehen, um dort Isais Sohn zum neuen König zu salben.

Als Samuel nach Betlehem kam und Isai nach seinen Söhnen fragte, ließ Isai seinen Ältesten vortreten. Samuel war beeindruckt von seiner Größe und Schönheit und wollte ihn zum König salben. Aber Gott hielt ihn davon ab. Dann rief Isai seinen zweiten und dritten Sohn. Schließlich hatten alle sieben Söhne Isais vor Samuel gestanden, doch bei keinem hatte Gott den Befehl gegeben, ihn zu salben. Da fragte Samuel Isai: „Sind das alle deine Söhne?“ Und Isai antwortete: „Nein, der jüngste fehlt noch. Er hütet gerade die Schafe.“ Da befahl Samuel, den jüngsten Sohn zu holen. Als David kam, sagte Gott zu Samuel: „Auf, salbe ihn zum König. Denn er ist es, den ich auserwählt habe.“ So salbte Samuel David zum König. Doch noch sollte niemand etwas davon erfahren.

König Saul ging es inzwischen sehr schlecht. Er war schwermütig. Oft saß er da und starrte traurig vor sich hin. Da suchten seine Diener einen, der Zither spielen konnte, um Saul aufzuheitern. David war ein guter Zitherspieler, und so brachten ihn die Diener zu Saul. Wenn der König wieder einmal traurig war, setzte sich David zu seinen Füßen und spielte auf seiner Zither, dann wurde Saul wieder fröhlich.

Zu dieser Zeit versammelten die Philister ihre Truppen und zogen gegen die Israeliten in den Krieg. Die beiden Heere standen sich an zwei Berghängen gegenüber, die nur von einem engen Tal getrennt waren. Da trat aus dem Lager der Philister Goliat, ein starker Riese, hervor. Er verspottete die Israeliten und forderte: „Schickt einen Mann zu mir. Ich will mit ihm kämpfen. Wenn ich ihn besiege, sollt ihr unsere Sklaven werden." Saul und die Israeliten hatten Angst vor dem großen, schwer bewaffneten Mann. Keiner wagte es, mit ihm zu kämpfen. Zehn Tage nacheinander trat Goliat hervor und verhöhnte die Israeliten.
Zu Sauls Heer gehörten auch Isais drei älteste Söhne. David aber war daheim geblieben. Da schickte ihn sein Vater los, um ihnen etwas zu essen zu bringen. Als David zu seinen Brüdern kam, trat Goliat wieder hervor und verhöhnte die Israeliten. Wieder hatten sie große Angst. David fragte die Soldaten: „Was wird der König für den tun, der diesen Riesen erschlägt?" Sie antworteten, dass er diesen reich beschenken und ihm seine Tochter zur Frau geben werde. Als sein Bruder hörte, was David mit den Soldaten redete, wurde er zornig und schimpfte. Doch David ging zu Saul und sagte: „Ich will gegen Goliat kämpfen." Saul schüttelte den Kopf: „Du bist zu jung. Du kannst nicht kämpfen." Doch David entgegnete ihm: „Ich habe Löwen erschlagen, wenn sie die Schafe angegriffen haben. Ich werde auch diesen Philister erschlagen. Gott wird mich schützen." Da sagte Saul zu David: „Geh, der Herr sei mit dir."
Saul zog David seine Rüstung an. Doch sie war so schwer, dass David darin nicht gehen konnte, deshalb legte er sie wieder ab. Statt der Rüstung nahm David seinen Stock in die Hand. Er suchte sich fünf glatte Steine aus einem Bach und legte sie in seine Hirtentasche. Und er nahm seine Schleuder mit. So trat David dem Riesen Goliat gegenüber. Goliat sprach voller Verachtung zu David: „Bin ich denn ein Hund, dass du mit einem Stock zu mir kommst?" Er verfluchte David und verhöhnte ihn. Doch David hatte Selbstvertrauen. Er sagte zu dem Riesen: „Komm nur her zu mir. Ich werde dein Fleisch den Vögeln des Himmels und den wilden Tieren zum Fraß vorwerfen. Du kommst mit dem Schwert. Aber ich komme im Namen des Herrn zu dir."

Als der Philister auf David zuging, lief David ihm entgegen, nahm einen Stein aus seiner Hirtentasche und schleuderte ihn ab. Der Stein traf Goliat an der Stirn, an einer Stelle, die vom Helm nicht geschützt war. Der Stein drang in die Stirn ein, und der Philister fiel mit dem Gesicht zu Boden. So besiegte David den Riesen Goliat ohne Schwert, nur mit einem Stein. Als Goliat am Boden lag, lief David zu ihm, nahm dessen Schwert und schlug ihm den Kopf ab. Als die Philister sahen, dass ihr stärkster Kämpfer tot war, bekamen sie Angst und flohen. Die Israeliten aber erhoben ein Kriegsgeschrei, jagten den Philistern nach und erschlugen viele. So siegte das kleine Israel gegen die mächtigen Philister, weil der junge David den Mut gehabt hatte, gegen den Riesen Goliat zu kämpfen.

David muss fliehen

1 Samuel 18–20

Als Dank für Davids Sieg nahm Saul ihn an seinen Hof und gab ihm eine hohe Position. David schloss mit Jonatan, Sauls Sohn, Freundschaft. Bald waren die beiden wie Brüder. David war sehr beliebt beim Volk. Als die Israeliten nach einem weiteren Sieg über die Philister heimkehrten, zogen die Frauen aus allen Städten den Soldaten singend und tanzend entgegen. Sie schlugen die Pauke und sangen dazu: „Saul hat Tausend erschlagen, David aber Zehntausend." Saul wurde zornig über dieses Lied. Er war eifersüchtig auf David und versuchte, ihm zu schaden.

Am nächsten Tag wurde Saul wieder schwermütig. Er schrie und tobte wie verrückt. David spielte auf der Zither, um Saul zu beruhigen. Doch in seinem Zorn schleuderte Saul zweimal seinen Speer auf David, der aber geschickt auswich. Da bekam Saul Angst vor David. Er wollte ihn nicht mehr sehen und schickte ihn in den Krieg. Denn er dachte: „Da wird er sicher den Tod finden." Doch David hatte Erfolg, wohin er auch ging.

Michal, die Tochter Sauls, liebte David. Als Saul davon hörte, willigte er ein, sie David zur Frau zu geben, doch er hatte eine böse Absicht. Als Brautgabe forderte er von David, hundert Philister zu töten. Er dachte: „Das schafft David nie. Eher wird er selbst im Krieg fallen." Doch David tötete sogar zweihundert Philister. Da gab ihm Saul seine Tochter Michal zur Frau.

Überall, wo er kämpfte, trug David den Sieg davon. Doch als wieder einmal die Schwermut über Saul kam und David die Zither für ihn spielte, warf Saul zum dritten Mal den Speer nach ihm. Gerade noch rechtzeitig sprang David zur Seite und rettete sich. Doch er sah, dass Saul ihn töten wollte. Und so floh er nach Hause zu seiner Frau Michal. Saul schickte Soldaten zu Davids Haus. Sie sollten ihm auflauern und ihn töten. Doch Michal ließ David an einem Seil durchs Fenster hinab. So konnte David fliehen. Anstelle von David legte Michal eine Holzfigur in sein Bett, damit die Soldaten meinten, er liege dort und schlafe. Als sie am nächsten Morgen kamen, um ihn zu holen, fanden sie nur die Holzfigur unter der Decke. Da wurde Saul sehr wütend auf seine Tochter, weil sie ihrem Mann zur Flucht verholfen hatte.

David aber kehrte noch einmal zurück und ging zu Jonatan, seinem Freund. Er fragte ihn: „Was habe ich verbrochen, dass mir dein Vater nach dem Leben trachtet?" Jonatan war betroffen und versprach David, ihn zu beschützen. Denn Jonatan liebte David wie sein eigenes Leben. Die beiden trafen eine Vereinbarung: David würde sich verstecken. Am nächsten Tag sollte das Neujahrsfest gefeiert werden. Wenn Saul David vermisste und gut von ihm sprach, dann wollte Jonatan einen Boten zu David schicken, um ihm Bescheid zu geben, dass er an den Hof zurückkehren könne. Wenn Saul aber schlecht von ihm sprach, dann sollte David fliehen.

Als Davids Platz auch am zweiten Tag des Festes leer geblieben war, fragte Saul, wo David sei. Jonatan antwortete: „Er ist nach Hause zu seiner Familie gegangen, denn sie wollten Gott dort ein Opfer darbringen." Da wurde Saul sehr wütend. Er schimpfte nicht nur auf David, sondern auch auf seinen Sohn Jonatan: „Wie kannst du es wagen! Du hast dich auf Davids Seite gestellt. Hol ihn sofort her, denn er muss sterben." Als Jonatan ihn fragte, was David denn Böses getan habe, warf Saul den Speer auf seinen eigenen Sohn. Wutentbrannt sprang Jonatan vom Tisch auf und stürmte hinaus. Am nächsten Morgen ging Jonatan zu David und erzählte ihm, was Saul gesagt und getan hatte. Da küssten sich die beiden und nahmen Abschied voneinander. Und sie versprachen einander, immer Freunde zu bleiben, ganz gleich, was auch geschehen mochte.

David wird König

1 Samuel 31; 2 Samuel 1,1–2,11; 5,1–12; 6,1–22

Im Kampf gegen die Philister waren Saul und sein Sohn Jonatan ums Leben gekommen. David stimmte eine Totenklage an. Er beweinte nicht nur den Tod seines Freundes Jonatan, sondern auch den seines Feindes Saul. Er sang: „Saul und Jonatan, die Geliebten und Teuren, im Leben und Tod sind sie nicht getrennt. Jonatan liegt erschlagen auf Israels Höhen. Weh ist mir um dich, mein Bruder Jonatan. Du warst mir sehr lieb. Wunderbarer war deine Liebe für mich als die Liebe der Frauen."

Dann zog David nach Hebron. Dort salbten ihn die Männer zum König über den Stamm Juda. Die übrigen Stämme aber hatten Ischbaal, den noch lebenden Sohn Sauls, zum König erhoben. Nun gab es zwei Könige in Israel. Lange Zeit kämpften die Heere der beiden Könige gegeneinander, doch schließlich siegte David. Nach sieben Jahren wurde er endlich König über ganz Israel.

David war dreißig Jahre alt, als er zum König über Israel gesalbt wurde. Er zog nach Jerusalem und eroberte die Stadt. Von nun an sollte Jerusalem die Hauptstadt von Israel sein. In der Stadt gab es eine Burg. Sie hieß Zion. David eroberte die Burg und ließ sich darin nieder. Um die Burg herum ließ er viele Häuser bauen. Diesen Stadtteil nannte man die Stadt Davids.

Nach einiger Zeit beschloss David, die Bundeslade nach Jerusalem zu holen. Viele Menschen begleiteten die Lade auf ihrem Weg in die Stadt, und zum fröhlichen Klang der Posaunen tanzte David vor ihr her. Dabei trug er nichts außer einem kurzen Priesterrock. Als sie in der Davidstadt angekommen waren, ließ David die Bundeslade in ein Zelt stellen, das er für sie aufgeschlagen hatte. Dann brachte er Gott Brandopfer dar und segnete das Volk.

Als er heimkam, trat ihm Michal, seine Frau, entgegen und sagte: „Ich habe dich vom Fenster aus gesehen. Halb nackt hast du vor den Leuten getanzt. So benimmt sich doch kein König!“ Da entgegnete David: „Für den Herrn habe ich getanzt. Er war es, der mich zum König gemacht hat. Deshalb werde ich auch in Zukunft für ihn tanzen.“ Doch in ihrem Herzen verachtete Michal ihn.

David und sein Sohn Abschalom

2 Samuel 15,1–19,15; 23,1–7

David wurde immer mächtiger. Er war ein gerechter Herrscher, und lange Zeit lebte das Land in Frieden. Doch eines Tages wendete sich sein Sohn Abschalom gegen ihn. Abschalom wollte selbst König über Israel werden. Deshalb zog er nach Hebron und ließ sich dort zum König ausrufen. Abschalom war beliebt bei den Leuten, und bald hatte er viele Anhänger um sich gesammelt. So wurde die Verschwörung gegen David immer größer.

Ein Bote kam aus Hebron zu David und sagte ihm: „Das Herz der Israeliten hat sich deinem Sohn Abschalom zugewandt." Da sagte David zu seinen Dienern: „Wir müssen fliehen. Denn hier gibt es für uns keine Rettung vor Abschalom." So zog David mit seinen Dienern und mit den Soldaten, die auf seiner Seite waren, aus Jerusalem weg. Alle Leute weinten, als sie sahen, dass David die Stadt verließ, um vor seinem eigenen Sohn Abschalom zu fliehen. Und auch David verhüllte sein Haupt und weinte.

Abschalom war nach Jerusalem gekommen. Er hatte ein großes Heer um sich gesammelt und wollte David töten. Doch auch David hatte ein Heer aufgestellt und schickte seine Leute in den Kampf. Aber er trug seinen Heerführern auf, schonend mit seinem Sohn Abschalom umzugehen. Davids Leute besiegten Abschaloms Heer. Auf einmal erblickten sie Abschalom, der auf einem Maultier floh. Als das Maultier unter einer großen Eiche hindurchlief, blieb Abschalom mit den Haaren an den Ästen der Eiche hängen. Nun hing Abschalom hilflos in der Luft. Einer der Männer meldete dem Heerführer Joab, dass er Abschalom an der Eiche hängen gesehen hatte. Da fuhr Joab ihn an: „Warum hast du ihn nicht getötet? Ich hätte dir zehn Silberstücke und einen Gürtel dafür gegeben." Doch der Mann antwortete: „Auch wenn du mir tausend Silberstücke gegeben hättest, hätte ich ihn nicht getötet. Denn

König David hat uns befohlen, gut auf Abschalom achtzugeben." Joab aber hielt sich nicht an den Befehl des Königs. Er ging zu Abschalom und durchbohrte ihn mit seinem Speer. Dann ließ er das Widderhorn blasen. Das war das Zeichen, dass der Kampf zu Ende war. Als David hörte, dass Joab seinen Sohn Abschalom getötet hatte, weinte er und rief: „Mein Sohn Abschalom, mein Sohn, mein Sohn Abschalom! Ach, wäre ich doch an deiner Stelle gestorben." Die Leute spürten, wie sehr David seinen Sohn geliebt hatte. Jetzt neigten sich alle Herzen David zu. Und er wurde wieder von ganz Israel als König anerkannt. So konnte er sein Volk noch lange weiterregieren.

Doch irgendwann wurde David alt und schwach. Kurz vor seinem Tod dankte David Gott nochmals für alles, was er ihm geschenkt hatte. Und er sagte zu seinen Leuten: „Der Gott Israels hat zu mir gesprochen: ‚Wer gerecht und voll Gottesfurcht über die Menschen herrscht, der ist wie das Licht am Morgen, wenn die Sonne aufstrahlt.'" Und genau so war David gewesen: wie eine Sonne, die die Dunkelheit erhellte, die sich immer wieder über das Volk legen wollte.

Salomo baut den Tempel

1 Könige 1,32–40; 2,1–12; 3,5–15; 5,27–8,66; 9,1–9

Vor seinem Tod bestimmte David seinen Sohn Salomo zum König. Er befahl dem Priester Zadok und dem Propheten Natan, Salomo zum König zu salben. Der Priester und der Prophet zogen mit Salomo zum Bach Gihon. Dort salbte der Priester Salomo zum König. Dann erklang das Widderhorn, und das ganze Volk rief: „Es lebe König Salomo!"

Als David spürte, dass er bald sterben würde, ermahnte er seinen Sohn Salomo: „Ich werde nun von dir gehen. Sei also stark und tapfer! Wenn du auf das hörst, was der Herr dir sagt, wird dir alles gelingen, was du tust." Dann starb David. Vierzig Jahre lang war er König gewesen.

Eines Nachts erschien Gott Salomo im Traum und forderte ihn auf: „Sag mir einen Wunsch, ich werde ihn dir erfüllen." Salomo antwortete: „Herr, du hast mich zum König über ein großes Reich gemacht. Doch ich bin noch jung und weiß nicht viel. Zeig mir, wie ich ein guter und gerechter König sein kann." Gott freute sich über diese Antwort und versprach Salomo, ihm ein weises und verständiges Herz zu schenken. So regierte Salomo sein Volk mit großer Weisheit.

Nachdem Salomo vier Jahre lang regiert hatte, beschloss er, das zu tun, was David wegen seiner vielen Kriege nicht hatte tun können: dem Herrn einen Tempel bauen. Er ließ seinen Plan Hiram, dem König von Tyrus, ausrichten und er bat ihn um Zedernholz aus den Wäldern des Libanon. Hiram war ein guter Freund Davids, deshalb freute er sich über diesen Auftrag. Er ließ seine Leute Zedern fällen und die riesigen Baumstämme zusammenbinden. Dann wurden sie ans Meer geschafft und auf dem Wasser zu dem Ort gebracht, wo Salomo sie haben wollte. Als Lohn schickte Salomo dem König von Tyrus jedes Jahr Weizen und feinstes Öl.

Aus ganz Israel ließ Salomo Arbeiter kommen, um beim Tempelbau zu helfen. Einige schickte er nach Tyrus, um mit Hirams Leuten Zedern zu fällen. Andere dienten als Lastenträger, und wieder andere arbeiteten als Steinhauer und brachen im Gebirge Steine. Mit diesen Steinen wurde das Fundament des Tempels gelegt. Dann baute man die Mauern auf, teilweise mit Steinen, teilweise mit dem Holz aus dem Libanon. Die Innenwände des Tempels ließ Salomo mit Zedernholz täfeln, in das Blumengewinde eingeschnitzt waren. Im Tempel gab es einen Raum, in dem die Bundeslade untergebracht wurde. Diesen Raum nannte man das Allerheiligste. Salomo ließ die Wände ganz mit Gold überziehen, und es gab einen Altar, der ebenfalls aus Gold war. Dann ließ Salomo zwei Engelsfiguren aus Olivenholz anfertigen. Sie sollten die Bundeslade bewachen.

So entstand ein wunderbarer Tempel, über den sich alle Leute freuten. Gott aber sagte zu Salomo: „Es ist gut, dass du mir einen so schönen Tempel gebaut hast. Aber genauso wichtig ist, dass du und mein Volk meine Vorschriften beachtet und meine Befehle ausführt. Dann werde ich mein Versprechen wahr machen und immer mitten unter euch wohnen. Ich werde mein Volk nicht verlassen und es immer segnen."

Bei der Einweihung des Tempels hielt König Salomo eine Rede vor dem Volk. Er dankte für die Arbeit, die alle geleistet hatten. Dann breitete er seine Hände aus und segnete sie. Man brachte Gott viele Tiere zum Opfer dar und feierte eine Woche lang ein fröhliches Fest.

Salomo fällt ein weises Urteil

1 Könige 3,16–28; 10,1–8

Alle Menschen staunten über die Weisheit des Königs Salomo. Aus vielen Ländern kamen Abgesandte zu ihm, um seine Worte zu hören. Auch die Königin von Saba hatte von ihm gehört. Sie kam mit einem großen Gefolge, um zu sehen, ob es wirklich stimmte, was man von Salomo erzählte. Sie stellte ihm viele Fragen, und Salomo gab ihr auf jede eine Antwort. Da staunte die Königin von Saba und sagte zu ihm: „Was ich in meinem Land von deiner Weisheit gehört habe, ist wirklich wahr. Ich wollte es nicht glauben. Deshalb bin ich gekommen, um mit eigenen Augen zu sehen, wie weise du bist. Wie glücklich sind deine Diener, dass sie dir den ganzen Tag zuhören dürfen."
Ein anderes Mal kamen zwei Mütter zu Salomo. Die eine sagte zum König: „Ich und diese Frau wohnen im selben Haus. Jede von uns hat ein Kind geboren. Doch nun starb der Sohn dieser Frau in der Nacht, denn sie hat ihn im Schlaf aus Versehen erdrückt. Da stand sie auf, nahm mir mein Kind weg und legte ihr totes Kind an meine Seite. Als ich am Morgen aufwachte, sah ich, dass es tot war. Doch als ich es genauer betrachtete, erkannte ich, dass es nicht mein Kind war, sondern das Kind dieser Frau." Da rief die andere Frau: „Nein, das stimmt nicht. Du lügst. Mein Kind lebt und dein Kind ist tot." Darauf schrie die erste Frau: „Nein, so ist es nicht. Du lügst. Mein Kind lebt und dein Kind ist tot." So stritten sie lange vor dem König.
Der König hörte sich den Streit eine Weile an. Dann sagte er: „Holt mir ein Schwert!" Da brachte man dem König ein Schwert. Und er sprach: „Schneidet mit dem Schwert das lebende Kind entzwei. Gebt die eine Hälfte der einen Frau und die andere Hälfte der anderen." Da bat die wahre Mutter des Kindes: „Bitte gebt ihr das Kind und tötet es nicht!" Doch die andere rief: „Nein, es soll so geschehen, wie der König es angeordnet hat. Das Kind soll weder mir noch dir gehören." Da befahl

der König: „Gebt jener Frau das lebende Kind und tötet es nicht. Denn sie ist seine Mutter.“ Er hatte sofort erkannt, dass die wahre Mutter ihr Kind nie töten lassen würde. Lieber würde sie es einer anderen geben, als es tot zu sehen. Das ganze Volk hörte von Salomos Urteil. Voller Ehrfurcht blickte es zu ihm auf, denn es spürte, dass Gott selbst durch ihn sprach.

Elija am Berg Horeb

1 Könige 16,29–33; 18,1–19,13

Lange Zeit nach Salomo kam ein König an die Macht, der Ahab hieß. Er und seine Frau Isebel glaubten nicht an den Gott Israels, sondern verehrten Baal, den Gott der Kanaaniter. Auch viele Israeliten hatten sich von ihrem Gott abgewandt und beteten zu Baal. Als eine Dürre über Israel kam, ging der Prophet Elija zu König Ahab, um ihn wieder auf den rechten Weg zu bringen. Doch Ahab hörte nicht auf Elija. Da befahl der Prophet dem König, das ganze Volk Israel und sämtliche Baalspriester auf dem Berg Karmel zusammenzurufen. Als alle dort versammelt waren, sprach Elija: „Ihr könnt nicht Gott und Baal gleichzeitig anbeten. Heute werde ich euch zeigen, wer der wahre Gott ist."

Dann ließ er die Baalspriester einen Altar bauen und einen Stier darauflegen. Und er sagte zu ihnen: „Nun betet zu eurem Gott. Er soll das Brennholz entzünden." Den ganzen Tag beteten die Baalspriester, aber nichts geschah. Da baute Elija einen Altar, legte ebenfalls einen Stier darauf und ließ sogar Wasser über das Brennholz gießen. Dann betete er: „Herr, Gott Abrahams, Isaaks und Israels, lass dieses Volk erkennen, dass du der wahre Gott bist. Bring ihr Herz zur Umkehr!" Da loderten plötzlich Flammen aus dem Feuerholz hervor und verbrannten den Stier. Nun mussten sich die Baalspriester geschlagen geben. Das Volk aber warf sich nieder und lobte Gott. Bald darauf begann es zu regnen, und die Dürre war endlich vorbei.

Als Königin Isebel davon hörte, wurde sie sehr zornig. Sie sandte einen Boten zu Elija und ließ ihm sagen: „Du wirst sterben. Ich werde dich umbringen lassen." Da bekam Elija Angst. Er floh in die Wüste, um sich zu verstecken. Doch in der Wüste wurde er auf einmal sehr müde. Er legte sich unter einen Ginsterstrauch und wollte am liebsten sterben, so erschöpft war er. Doch als er eingeschlafen war, kam ein Engel und stieß ihn in die Seite: „Steh auf und iss!“ Elija wachte auf. Neben sich entdeckte er Brot und einen Krug mit Wasser. Elija aß und trank. Dann legte er sich hin und schlief wieder ein. Da kam der Engel zum zweiten Mal zu Elija und sagte: „Steh auf und iss! Denn du hast einen langen Weg vor dir.“ Elija stand auf und aß. Und gestärkt durch die Speise wanderte er vierzig Tage und Nächte zum Gottesberg Horeb.

Als er am Horeb ankam, war Elija müde von seiner Wanderung und legte sich in eine Höhle. Er wollte einfach nur ausruhen, doch Gott ließ ihm keine Ruhe. Er sagte zu ihm: „Elija, was willst du hier?“ Elija fühlte sich gestört und antwortete unwillig: „Voller Eifer bin ich für dich eingetreten. Doch jetzt bin ich allein, keiner hilft mir. Und die Königin trachtet mir nach dem Leben.“ Gott antwortete: „Komm heraus aus deiner Höhle und stell dich auf den Berg. Ich will dir etwas zeigen.“ Da kam ein heftiger Sturm auf, der die Berge zerriss und die Felsen zerbrach. Aber Gott war nicht im Sturm. Dann kam ein Erdbeben. Der Boden hob sich und bebte. Doch Gott war nicht im Erdbeben. Dann kam ein Feuer. Die Flammen leuchteten hell und loderten hoch hinauf in den Himmel. Aber Gott war auch nicht im Feuer. Dann kam ein sanfter Wind, der leise säuselte. Da spürte Elija, dass Gott selbst ihn in diesem Wind zärtlich streichelte. Elija verhüllte sein Gesicht mit dem Mantel und stellte sich an den Eingang der Höhle. Bisher hatte er Gott immer nur im Donner und im Sturm erfahren. Jetzt zeigte sich Gott ihm in der Stille. Gott wollte Elija mahnen: „Du musst nicht immer laut lospoltern, wenn du von mir sprichst. Sprich ganz sanft von mir. Ich bin immer bei dir, um dich mit meiner zärtlichen Liebe zu umgeben.“

Jeremia im Wachhof

Jeremia 1,1–17; 32; 37,11–38,28

Ein anderer Prophet Gottes war Jeremia. Jeremia wurde schon als junger Mann von Gott zum Propheten berufen. Anfangs wehrte er sich dagegen und sagte: „Ich bin doch noch viel zu jung.“ Doch Gott machte ihm Mut und sagte: „Fürchte dich nicht! Ich bin bei dir und helfe dir. Ich selbst werde durch dich sprechen.“ So zog Jeremia durch die Straßen Jerusalems und versuchte, die Leute dazu zu bringen, sich zu ändern. Wieder einmal hatten sie Gott und seine Gebote vergessen und beteten andere Götter an. Viele der Menschen wollten nicht auf Jeremia hören, doch schließlich hatte er Erfolg: Auf den gottlosen König Manasse folgte der fromme König Joschija. Er brachte das Volk dazu, wieder nach Gottes Willen zu leben, so wie Jeremia es immer gefordert hatte. Doch Joschija fiel im Krieg gegen die Ägypter. Jeremia war tieftraurig. König Joschijas Nachfolger war sein Sohn Jojakim. Er ließ es zu, dass sich das Volk wieder von Gott abwandte. So musste Jeremia abermals dem Volk im Namen Gottes verkünden: „Wenn ihr nicht umkehrt, dann werdet ihr von fremden Völkern besiegt und in die Gefangenschaft verschleppt werden.“ Aber niemand wollte seine Botschaft hören. Sie hörten viel lieber auf andere Propheten, die sagten: „Euch wird nichts passieren. Macht ruhig so weiter wie bisher.“
Doch schließlich trat ein, was Jeremia vorhergesagt hatte: Die babylonische Armee unter ihrem König Nebukadnezzar marschierte in Jerusalem ein. Sie verschleppten viele Menschen nach Babylon und hielten sie dort gefangen.
Während der Zeit, in der Jerusalem von den Babyloniern belagert wurde, verdächtigte man den Propheten Jeremia, ein Verräter zu sein. Jeremia wollte ins Gebirge gehen, denn dort war einer seiner Verwandten gestorben. Als er die Stadt verlassen wollte, hielt ihn ein Wachsoldat an und sagte: „Du willst zu den Feinden überlaufen.“ Jeremia entgegnete:

„Nein, ich will nur zu meiner Familie gehen.“ Doch der Soldat hielt ihn fest und brachte ihn vor die königlichen Beamten. Die schlugen ihn und warfen ihn ins Gefängnis. Im Gefängnis gab es eine Höhle. In die steckten sie den Propheten.
König Zidkija, den Nebukadnezzar als Nachfolger Jojakims eingesetzt hatte, ließ den Propheten heimlich holen und fragte ihn, ob Gott eine Botschaft für ihn habe. Jeremia antwortete: „Ja, Gott hat gesagt: ‚Der König von Babel wird dich gefangen nehmen.‘“ Und Jeremia bat den König, er möge ihn aus der Höhle befreien, sonst werde er dort sterben. Da gab Zidkija die Anweisung, Jeremia im Wachhof des Palastes unterzubringen und ihn jeden Tag mit frischem Brot zu versorgen.
Doch einige Beamten beschwerten sich beim König. Sie sagten: „Dieser Mann muss getötet werden. Denn mit seinen Reden entmutigt er die Soldaten und das Volk.“ Der König fühlte sich ohnmächtig gegenüber den mächtigen Beamten. Er sagte: „Er ist in eurer Hand.“ Da ergriffen sie Jeremia und warfen ihn in die Zisterne, die sich im Wachhof befand. In der Zisterne war kein Wasser, sondern nur Schlamm, in den Jeremia einsank.
Ein ausländischer Mann, der beim König angestellt war, hatte Mitleid mit Jeremia. Er ging zum König und sagte: „Jeremia stirbt in dieser Zisterne. Ich will ihn daraus befreien.“ Der König erlaubte es ihm. So nahm der Mann abgelegte und zerrissene Kleider und machte daraus einen Strick. Damit zog er Jeremia aus der Zisterne heraus. Nun konnte Jeremia wieder im Wachhof bleiben.
Nach einer Weile ließ der König den Propheten wieder heimlich zu sich kommen und fragte ihn nach einer Botschaft Gottes. Jeremia antwortete: „Wenn ich es dir sage, lässt du mich umbringen.“ Doch Zidkija versprach ihm, ihn nicht zu töten. Da sagte Jeremia ihm, dass er in die Gewalt des Königs von Babel geraten werde, wenn er sich nicht vorher ergab. Aber Zidkija weigerte sich, Jeremias Rat zu befolgen. Und so geschah es, wie Jeremia vorhergesagt hatte.

Daniel in Babylon

Daniel 1–2

Nebukadnezzar, der König von Babel, hatte seinem höchsten Beamten Aschpenas befohlen, unter den gefangenen Juden junge Männer auszuwählen, die klug und gut aussehend waren. Diese sollten am babylonischen Hof ausgebildet werden, um dem König als Berater zu dienen. So kamen auch Daniel und seine drei Freunde an den Hof und lernten die Sprache und Schrift der Babylonier.

Doch Daniel weigerte sich, die Speisen zu essen, die es am Hof gab. Denn als Jude war es ihm verboten, Schweinefleisch zu essen. Er wollte auch keinen Wein von der königlichen Tafel trinken. Aschpenas war Daniel und seinen Freunden wohlgesonnen, doch er hatte Angst vor dem König. Er sagte: „Der König könnte finden, dass ihr schlechter ausseht als die anderen jungen Leute eures Alters." Da bat Daniel: „Probier es doch einfach für zehn Tage. Wir wollen nur Gemüse essen und Wasser trinken. Dann vergleiche unser Aussehen mit dem der jungen Leute, die von den Speisen des Königs essen." Nach zehn Tagen sahen die jungen Juden besser und wohlgenährter aus als alle anderen. Von da an bekamen sie immer nur Gemüse zu essen und Wasser zu trinken.

Nach drei Jahren stellte Aschpenas die jungen Juden dem König vor. Der König unterhielt sich mit ihnen. Er fand, dass Daniel und seine Freunde den anderen jungen Männern, die sich für den Dienst am Königshof beworben hatten, überlegen waren. So nahm er sie in seinen Dienst.

Eines Nachts hatte König Nebukadnezzar einen Traum. Dieser Traum beunruhigte ihn so sehr, dass er nicht mehr schlafen konnte. Er ließ seine Wahrsager und Traumdeuter kommen. Der König sagte zu ihnen: „Wenn ihr mir den Traum nicht erklären könnt, werde ich euch umbringen lassen." Die Wahrsager versicherten ihm: „Wir können den Traum deuten. Erzähl ihn uns, dann deuten wir ihn." Doch der König sagte: „Ihr wollt mir nur etwas vormachen. Erzählt mir selbst den Traum, den ich gehabt habe. Daran erkenne ich, ob ihr ihn auch versteht." Die Traumdeuter sagten: „Niemand kann den Traum eines anderen wissen. Wir können nur die Träume deuten, die uns erzählt werden." Da gab der König den Befehl, alle Wahrsager und Weisen Babylons zu töten.

Als Daniel von diesem Befehl hörte, ging er zum König und sagte: „Gib mir noch etwas Zeit. Ich werde dir den Traum deuten." Dann eilte er zu seinen Freunden. Sie beteten zu Gott und baten ihn, Daniel den Traum des Königs zu offenbaren. In der Nacht zeigte Gott Daniel alles, was er wissen musste. Am nächsten Morgen ging Daniel zum König und sagte: „Unser Gott, der im Himmel ist, offenbart uns alle Geheimnisse. Er hat mir auch deinen Traum offenbart." Und Daniel erzählte Nebukadnezzar seinen Traum: „Du sahst ein gewaltiges Standbild. Es war groß und glänzte. Das Haupt des Standbildes war aus reinem Gold. Brust und Arme waren aus Silber, der Körper und die Hüften aus Bronze. Die Beine waren aus Eisen, die Füße aber zum Teil aus Eisen, zum Teil aus Ton. Du sahst, wie sich ohne das Zutun von Menschen ein Stein von einem Berg löste, gegen die eisernen und tönernen Füße des Standbildes schlug und sie zermalmte. Silber und Gold wurden zertrümmert und zerfielen zu Staub, den der Wind verwehte. Der Stein, der das Standbild getroffen hatte, wurde zu einem großen Berg und erfüllte die ganze Erde." Dann erklärte Daniel dem König den Traum: „Du bist das goldene Haupt des Standbildes. Die anderen Teile sind die Reiche, die nach dir kommen werden. Manche von ihnen werden stark sein, manche schwach und brüchig. Doch Gott selbst wird all diese Reiche zertrümmern und ein Reich errichten, das in alle Ewigkeit bestehen wird."

Der König staunte sehr über Daniels Deutung. Er sagte zu ihm: „Euer Gott kann wirklich Geheimnisse offenbaren. Er ist der höchste Gott, den es gibt." Dann verlieh der König Daniel einen hohen Rang am Hof.

Daniel in der Löwengrube

Daniel 6,2–29

Nach Nebukadnezzar war ein anderer König geworden: Darius. Darius setzte drei oberste Beamte für sein Reich ein. Einer dieser drei Beamten war Daniel. Der König mochte Daniel sehr. Er plante, ihn zum obersten Beamten zu machen. Als die anderen Beamten davon hörten, wurden sie eifersüchtig und versuchten, Daniel zu schaden. Sie suchten nach Gründen, ihn beim König anzuklagen, doch sie fanden keine. Da hatten sie folgende Idee: Der König sollte den Befehl geben, dass niemand in den kommenden dreißig Tagen eine Bitte an irgendeinen Gott oder einen anderen Menschen richten dürfe. Man dürfe allein den König um etwas bitten. Wer dagegen verstieß, sollte in die Löwengrube geworfen werden. Der König war damit einverstanden.

Auch Daniel hörte von dem Befehl. Er kniete dennoch dreimal am Tag am offenen Fenster nieder, um zu Gott zu beten. Die Männer, die Daniel schaden wollten, schlichen sich heran und beobachteten, wie Daniel zu seinem Gott betete. Daraufhin gingen sie zum König und sagten: „Du hast doch den Befehl erlassen, dass jeder, der an einen Gott oder einen Menschen eine Bitte richtet, mit dem Tod bestraft wird." Der König bestätigte das. Da berichteten die Männer, dass Daniel dreimal am Tag zu seinem Gott betete. Dem König war es peinlich, dass ausgerechnet Daniel sich seinem Befehl widersetzte. Er überlegte, wie er Daniel retten könnte. Doch die Männer bestürmten ihn und sagten: „Du darfst keine Ausnahme machen, sonst werden dir die Leute nicht mehr glauben." Da blieb dem König nichts anderes übrig, als Daniel in die Löwengrube werfen zu lassen. Zum Abschied sagte der König zu Daniel: „Möge dein Gott, dem du so treu dienst, dich erretten." Dann wurde die Löwengrube mit einem Stein versiegelt.

Der König war sehr traurig. Er ließ sich keine Speisen mehr bringen und er konnte nicht schlafen. Am frühen Morgen stand er auf und ging zur Löwengrube. Er rief mit schmerzerfüllter Stimme: „Daniel, du Diener des lebendigen Gottes! Hat dein Gott dich vor den Löwen errettet?“ Daniel antwortete aus der Grube: „Ja, mein Gott hat seinen Engel gesandt und den Rachen der Löwen verschlossen. Sie taten mir nichts zuleide. Denn in ihren Augen bin ich schuldlos.“ Der König freute sich und befahl, Daniel aus der Löwengrube herauszuholen. Als man ihn heraufgezogen hatte, fand man nicht die geringste Verletzung an ihm. Doch nun gab der König den Befehl, die Männer, die Daniel angeklagt hatten, in die Grube zu werfen. Sie waren noch nicht am Boden angekommen, da stürzten sich die Löwen schon auf sie und zermalmten ihre Knochen. Der König aber schrieb an alle Völker auf der ganzen Erde: „Der Gott Daniels ist der lebendige Gott, er lebt in Ewigkeit! Sein Reich geht niemals unter, er rettet und befreit!“

Daniel ging es gut unter König Darius und auch unter seinem Nachfolger, König Kyrus. Er vertraute darauf, dass Gott ihn beschützte. Und so wurde er zum Segen für viele Menschen.

Jona und der große Fisch

Jona 1–4

Auch Jona war von Gott für einen Auftrag ausersehen. Gott sprach zu Jona: „Mach dich auf den Weg und geh in die Stadt Ninive. Richte den Menschen dort aus, ich werde mir ihr böses Treiben nicht länger mit ansehen!“ Jona machte sich auf den Weg. Doch er hatte keine Lust, nach Ninive zu gehen. Er wollte kein Prophet sein, der einer Stadt das Unheil verkündet. Deshalb beschloss er, nach Tarschisch zu fliehen. Er ging nach Jafo und bestieg ein Schiff, das nach Tarschisch fuhr.

Doch als das Schiff auf hoher See war, entstand auf einmal ein gewaltiger Sturm. Das Schiff wurde von den Wellen hin und her geworfen und drohte auseinanderzubrechen. Die Seeleute bekamen Angst. Sie warfen die Ladung ins Meer, damit das Schiff leichter wurde. Jona aber war in den untersten Raum des Schiffes hinabgestiegen und schlief. Der Kapitän weckte ihn und schimpfte: „Wie kannst du schlafen! Bete lieber zu deinem Gott, dass er uns rettet.“ Dann warfen die Seeleute das Los, um herauszufinden, wer an dem Unwetter schuld sei. Das Los fiel auf Jona. Da fragten sie ihn: „Sag uns, woher du kommst und was du machst!“ Jona erzählte ihnen, dass er auf der Flucht vor Gott sei, weil er seinen Auftrag nicht erfüllen wolle. Da fragten sich die Seeleute: „Was sollen wir tun, damit sich das Meer beruhigt?“ Jona antwortete ihnen: „Nehmt mich und werft mich über Bord, damit sich das Meer beruhigt und ihr verschont werdet. Ich weiß, dass der Sturm durch meine Schuld über euch gekommen ist.“

Erst versuchten die Seeleute, mit aller Gewalt gegen den Sturm anzurudern, doch es gelang ihnen nicht. Da packten sie Jona und warfen ihn über Bord. Sofort hörte das Meer auf zu toben. Da ergriff die Männer eine große Furcht. Sie beteten zu Gott und brachten ihm ein Opfer dar. Gott aber schickte einen großen Fisch, der Jona verschlang. Drei Tage

und drei Nächte war er im Bauch des Fisches. Dort betete er zu Gott: „Aus der Tiefe der Unterwelt schreie ich zu dir. Du hast mich in die Tiefe des Meeres geworfen. Rette mich aus dem Bauch des Fisches. Rette mich aus den Tiefen des Meeres." Da befahl Gott dem Fisch, er solle Jona ans Land speien. Der Fisch schwamm nahe an das Ufer heran und spuckte Jona aus, sodass er auf dem Sand des Ufers landete.
Gott sprach nochmals zu Jona: „Mach dich auf den Weg und geh nach Ninive, in die große Stadt. Droh den Menschen dort all das an, was ich dir sagen werde." Jona machte sich nun auf den Weg nach Ninive. Er traute sich nicht, noch einmal zu fliehen. So kam er in die große Stadt. Man brauchte drei Tage, um Ninive zu durchqueren, so groß war die Stadt. Jona ging nun durch die Straßen und rief: „Noch vierzig Tage, dann wird Ninive zerstört werden." Die Leute hörten seine Worte und glaubten ihm. Alle zogen Bußgewänder an, und der König gab den Befehl, dass alle Bewohner Ninives fasten sollten. Selbst die Tiere sollten nichts essen und kein Wasser trinken. Als Gott sah, wie ernst die Leute von Ninive Jonas Worte nahmen, machte er seine Drohung nicht wahr.
Doch das gefiel Jona ganz und gar nicht. Er beschwerte sich bei Gott und sagte: „Ich wusste doch gleich, dass du deine Drohungen nicht wahr machst. Deshalb wollte ich ja auch nach Tarschisch fliehen. So nimm jetzt mein Leben von mir. Für mich ist es besser zu sterben als zu leben." Doch Gott erwiderte ihm: „Ist es recht von dir, zornig zu sein?"
Missmutig verließ Jona die Stadt und setzte sich oberhalb der Stadtmauer nieder. Er machte sich ein Laubdach, um sich vor der Sonne zu schützen. Da ließ Gott einen Rizinusstrauch über Jona emporwachsen, der ihm reichlich Schatten spendete. Jona freute sich über den Strauch. Doch am nächsten Tag schickte Gott einen Wurm, der den Rizinusstrauch annagte. Sogleich verdorrten seine Äste. Nun war Jona der Sonne ausgesetzt. Sie brannte ihm so auf den Kopf, dass er fast ohnmächtig wurde. Er wurde wieder zornig und wünschte sich den Tod: „Es ist besser für mich zu sterben als zu leben." Doch Gott fragte:

„Ist es recht von dir, wegen des Rizinusstrauches zornig zu sein? Dir ist es leid um den Strauch, den du weder gepflanzt noch großgezogen hast. Mir aber sollte es nicht leid sein um Ninive, die große Stadt, in der mehr als hundertzwanzigtausend Menschen leben?“ Daraufhin konnte Jona nichts mehr sagen. Er musste erkennen, dass Gott viel geduldiger und gnädiger war, als er es je sein würde.

DAS NEUE TESTAMENT

Der Engel Gabriel kommt zu Zacharias

Lukas 1,1–25

Zur Zeit des Königs Herodes lebte ein Priester mit Namen Zacharias. Er war schon alt, und auch seine Frau Elisabet war alt. Die beiden lebten nach Gottes Geboten, doch leider hatten sie keine Kinder. Eines Tages war Zacharias wieder an der Reihe, im Tempel seinen Dienst zu verrichten. Er brachte im Tempel das Opfer dar, während das Volk draußen stand und betete. Da erschien plötzlich ein Engel Gottes neben dem Altar. Zacharias erschrak und bekam Angst. Der Engel aber sagte zu ihm: „Fürchte dich nicht, Zacharias. Deine Gebete sind erhört worden. Deine Frau Elisabet wird einen Sohn gebären. Du sollst ihm den Namen Johannes geben. Er wird dir und vielen anderen große Freude bereiten. Von Geburt an wird er vom Heiligen Geist erfüllt sein und viele Menschen zu Gott führen." Doch Zacharias wollte dem Engel nicht glauben. Er sagte: „Ich bin ein alter Mann, und auch meine Frau ist schon alt. Wie sollte Gott uns da einen Sohn schenken?"
Der Engel erwiderte: „Ich bin Gabriel, ein Engel Gottes. Ich bin gesandt worden, dir diese frohe Botschaft zu verkünden. Aber du glaubst meinen Worten nicht. Deshalb sollst du stumm sein und nicht mehr reden können, bis das eintrifft, was ich dir versprochen habe."
Das Volk, das draußen stand, wunderte sich, warum Zacharias so lange im Tempel blieb. Endlich kam der Priester heraus. Doch er konnte nicht mehr sprechen. Da erkannten die Leute, dass er im Tempel eine Erscheinung gehabt hatte. Zacharias gab dem Volk mit der Hand ein Zeichen, aber sein Mund blieb stumm.
Zacharias musste noch einige Tage im Tempel Dienst tun. Dann kehrte er nach Hause zurück. Bald darauf wurde seine Frau Elisabet schwanger, obwohl sie schon alt war. Elisabet zog sich in ihr Haus zurück und hielt sich dort fünf Monate verborgen. Sie lobte Gott und sagte: „Gott hat mir geholfen. Er hat gnädig auf mich geschaut."

Der Engel Gabriel kommt zu Maria

Lukas 1,26–48

Als Elisabet im sechsten Monat schwanger war, sandte Gott seinen Engel Gabriel zu Maria. Maria war ein junges Mädchen und wohnte in der kleinen und unbedeutenden Stadt Nazaret. Sie war mit einem Mann verlobt, der Josef hieß. Doch sie lebte nicht mit ihm zusammen, sondern bei ihren Eltern.

Der Engel Gabriel trat bei ihr ein und sprach zu ihr: „Sei gegrüßt, du Begnadete! Gott ist mit dir." Maria erschrak über diese Worte, denn sie verstand nicht, was der Engel damit meinte. Da sagte der Engel zu ihr: „Fürchte dich nicht, Maria. Gott hat dich auserwählt, die Mutter seines Kindes zu werden. Du wirst einen Sohn zur Welt bringen. Dem sollst du den Namen Jesus geben. Man wird ihn Sohn des Höchsten nennen. Er wird ein König sein, und seine Herrschaft wird niemals enden."

Da antwortete Maria dem Engel: „Wie soll das geschehen? Ich bin doch noch gar nicht verheiratet." Maria zweifelte nicht an der Botschaft des Engels, so wie Zacharias es getan hatte. Sie glaubte dem Engel. Aber sie wollte verstehen, wie das alles geschehen sollte. Der Engel erklärte es ihr: „Der Heilige Geist wird über dich kommen. Die Kraft Gottes wird sich wie ein Schatten über dich legen. Deshalb wird das Kind, das du zur Welt bringen wirst, auch Sohn Gottes genannt werden. Denn Gott selbst lässt es in deinem Bauch heranwachsen." Maria hörte gut zu und versuchte zu begreifen, was der Engel da sagte. Dann erzählte ihr der Engel von Elisabet: „Auch deine Verwandte Elisabet ist trotz ihres hohen Alters schwanger geworden. Jetzt ist sie schon im sechsten Monat. Für Gott ist nichts unmöglich." Als der Engel das gesagt hatte, fasste Maria Vertrauen. Sie sagte zum Engel: „Wie du es gesagt hast, so soll es geschehen." Maria wusste nicht, was sie erwartete. Aber sie war bereit, sich auf das einzulassen, was der Engel ihr versprochen hatte. Sie glaubte an Gott und vertraute den Worten des Engels. So wurde sie schwanger.
Doch Maria zog sich nicht wie Elisabet in ihr Haus zurück. Stattdessen machte sie sich auf den Weg zu ihrer Verwandten. Drei Tage lang ging sie ganz allein über das Gebirge, bis sie zu Elisabets Haus kam. Sie grüßte Elisabet und umarmte sie. Auf einmal spürte Elisabet, wie das Kind in ihrem Bauch hüpfte. Da wusste sie, was mit Maria, ihrer jungen Verwandten, geschehen war. Sie sagte: „Gesegnet bist du, Maria. Und gesegnet ist das Kind in deinem Bauch. Ich danke Gott, dass die Mutter meines Herrn zu mir kommt." Elisabet hatte erkannt, dass Maria den Sohn Gottes in ihrem Bauch trug. Sie sagte: „Selig bist du, weil du geglaubt hast, was Gott dir durch den Engel hat sagen lassen." Maria aber staunte über die Worte, die Elisabet zu ihr sagte. Und sie pries Gott voller Glück: „Meine Seele preist die Größe Gottes. Mein Geist jubelt über Gott, meinen Retter. Denn er hat auf mich geschaut, obwohl ich so unbedeutend bin. Von nun an werden mich alle Menschen seligpreisen."

Johannes wird geboren

Lukas 1,57–80

Nach neun Monaten brachte Elisabet einen Sohn zur Welt. Ihre Nachbarn und Verwandten kamen zu ihr und freuten sich mit ihr. Damals war es üblich, dass man am achten Tag ein Fest feierte und dem Kind seinen Namen gab. Die Verwandten meinten: „Er muss Zacharias heißen wie sein Vater.“ Doch Elisabet widersprach ihnen: „Nein, er soll Johannes heißen.“ Die Verwandten wunderten sich darüber und sagten: „Keiner aus deiner Verwandtschaft trägt diesen Namen. Warum willst du deinen Sohn Johannes nennen?“

Nun fragten sie den Vater des Kindes, den Priester Zacharias, welchen Namen das Kind bekommen sollte. Zacharias war immer noch stumm. Deshalb verlangte er nach einer Schreibtafel. Zum Erstaunen aller schrieb er: „Sein Name ist Johannes.“ Kaum hatte Zacharias den Namen geschrieben, konnte er Mund und Zunge wieder benutzen. Voller Freude pries er Gott.

Als die Leute in der Gegend von diesem Ereignis hörten, erschraken sie. Doch zugleich fragten sie sich, was wohl aus diesem Kind werden würde. Wenn seine Geburt schon ein solches Wunder war, welche Wunder würden dann von dem Kind selbst ausgehen? Sie spürten, dass Gott etwas ganz Besonderes mit ihm vorhatte.

Zacharias aber war so voller Freude über die Geburt seines Sohnes, dass er ein langes Loblied auf Gott sang: „Gepriesen sei der Herr, der Gott Israels. Denn er hat sein Volk besucht, er ist zu uns gekommen. Und er bringt uns Erlösung und Befreiung, Heilung unserer Wunden und Vergebung unserer Sünden.“

Das Kind der alten Eltern wuchs heran. Als Johannes erwachsen war, zog er sich in die Wüste zurück. Dort wartete er auf den Auftrag Gottes. Sobald er spürte, dass es an der Zeit war, wanderte er durchs Land und forderte die Menschen auf, sich wieder Gott zuzuwenden.

Jesus wird geboren

Lukas 2,1–20

Zu jener Zeit herrschte Kaiser Augustus über das Römische Reich. Das Römische Reich war riesig und umfasste fast die ganze damals bekannte Welt. Auch das Land Palästina wurde von den Römern beherrscht. Eines Tages wollte Kaiser Augustus wissen, wie viele Menschen in Palästina lebten und verpflichtet waren, ihm Steuern zu bezahlen. So gab er den Befehl zu einer Volkszählung. Jeder Mann musste in seinen Heimatort ziehen, um sich dort in die Steuerlisten eintragen zu lassen. Auch Josef in Nazaret, Marias Verlobter, war von dieser Anordnung betroffen. Zusammen mit Maria, die kurz vor der Geburt stand, machte er sich auf den Weg in seine Heimatstadt Betlehem.

Als sie dort ankamen, war die Stadt schon voller Menschen. Maria und Josef klopften an viele Türen, um eine Unterkunft zu erbitten, doch nirgends gab es Platz für sie. Schließlich erbarmte sich ein Landwirt und ließ sie in seinem Stall übernachten.

Josef richtete für Maria ein Lager aus Stroh her. Dort brachte sie ihren Sohn zur Welt. Sie gaben ihm den Namen Jesus.

In derselben Nacht lagerten Hirten auf den Feldern vor der Stadt. Sie hüteten ihre Schafe und hielten Nachtwache, um die Tiere vor Wölfen zu schützen. Als sie um das Feuer lagen und in die Dunkelheit lauschten, trat auf einmal ein Engel des Herrn zu ihnen. Er strahlte einen hellen Lichterglanz aus. Die Hirten erschraken vor der Helligkeit des Engels, der ihre Nacht zum Tag werden ließ. Sie bekamen Angst. Doch der Engel sprach mit sanfter Stimme: „Fürchtet euch nicht! Ich verkünde euch eine große Freude. Heute ist euch in Betlehem der Heiland geboren. Er ist der Messias, der Retter der Welt. Er wird das Volk erlösen und befreien von allen Lasten, unter denen es stöhnt." Voller Verwunderung hörten die Hirten zu. Der Engel sprach weiter: „Das soll euch als Zeichen dienen: Ihr werdet ein Kind finden, in Windeln gewickelt und in einer Krippe liegend." Kaum hatte der Engel das gesagt, war er auf einmal von vielen Engeln umgeben. Gemeinsam sang die Schar der Engel ein wunderbares Lied, das den Hirten noch lange in den Ohren blieb: „Ehre sei Gott in der Höhe und Friede auf Erden bei den Menschen, die Gott liebt."

Die Hirten staunten und rissen ihre Augen auf. Sie konnten das, was sie sahen, kaum glauben. Erst als die Engel sie verlassen hatten und in den Himmel zurückgekehrt waren, kamen die Hirten wieder zu sich. Sie sagten zueinander: „Kommt, wir wollen nach Betlehem gehen. Wir wollen sehen, ob es stimmt, was der Engel uns verkündet hat."

So schnell sie konnten, liefen sie nach Betlehem. Schließlich kamen sie zu dem Stall, in dem Maria ihren Sohn geboren hatte. Es war ein ganz einfacher Stall, in dem Schafe und Ziegen, Ochsen und Esel hausten und ihre Futterkrippe hatten. Dort fanden sie Maria und Josef und das Kind, das in der Krippe lag. Sie bestaunten das Kind, über das der Engel so wunderbare Dinge gesagt hatte. Aufgeregt erzählten sie Maria und Josef, was auf dem Feld geschehen war. Maria und Josef wunderten sich über das, was die Hirten erzählten. Maria aber nahm die Worte des Engels ganz tief in sich auf. Sie verstand sie nicht, doch in ihrem Herzen wiederholte sie sie immer wieder. Und allmählich fing sie an zu erahnen, welch Wunder die Geburt ihres Sohnes war.

Die Sterndeuter

Matthäus 2,1–12

Als Jesus in Betlehem geboren wurde, schauten an einem weit entfernten Ort einige Sterndeuter auf den nächtlichen Himmel. Jede Nacht beobachteten sie den Himmel. Die Art und Weise, wie die Sterne über den Himmel zogen, zeigte ihnen, was in der Welt geschehen würde. Als ein Stern aufging, der heller strahlte als alle anderen, wussten sie, dass etwas Außergewöhnliches geschehen war: Ein König war geboren. Da machten sich die Sterndeuter auf und folgten dem Stern, um dem neuen König ihre Ehre zu erweisen und ihm prachtvolle Geschenke zu überreichen. Als sie schließlich Jerusalem erreichten, fragten sie die Leute auf der Straße, wo der Königssohn zu finden sei. Als König Herodes davon hörte, erschrak er sehr. Er bekam Angst, dass ihm jemand seine Herrschaft streitig machen wollte. Deshalb ließ er seine Schriftgelehrten zu sich kommen. Sie sollten herausfinden, wo das Königskind geboren worden war. In den heiligen Schriften stießen sie auf die Stadt Betlehem. Einer alten Verheißung zufolge sollte dort der Messias geboren werden.

Herodes ließ die Sterndeuter zu sich kommen und horchte sie aus. Dann sagte er zu ihnen: „Geht nach Betlehem und sucht nach dem Kind. Wenn ihr es gefunden habt, lasst es mich wissen, damit ich es auch anbeten kann." Doch Herodes hatte eine böse Absicht. Er wollte das Kind töten, denn er hatte Angst, dass er seine Herrschaft verlieren könnte.

Als die Sterndeuter den Palast des Herodes verlassen hatten, sahen sie auf einmal wieder den Stern. Er zeigte ihnen den Weg nach Betlehem. Genau über dem Haus, in dem Maria, Josef und das Kind waren, blieb er stehen. So kamen die Sterndeuter und fielen vor Jesus auf die Knie. Sie beteten ihn an als den neugeborenen König Israels. Dann breiteten sie ihre Geschenke vor ihm aus: Gold, Weihrauch und Myrrhe.

Die Sterndeuter blieben einen ganzen Tag in Betlehem und übernachteten dort in einer Herberge. In der Nacht erschien ihnen im Traum ein Engel und sagte: „Geht nicht zu Herodes, denn er trachtet dem Kind nach dem Leben. Zieht auf einem anderen Weg in eure Heimat zurück." So reisten sie auf einem anderen Weg zurück in ihr Land.

Die Flucht nach Ägypten

Matthäus 2,13–23

Als Herodes merkte, dass die Sterndeuter nicht zu ihm zurückkehrten, wurde er wütend. Er konnte nicht dulden, dass Menschen den Mut hatten, sich seinen Befehlen zu widersetzen. In seiner Wut gab er den Befehl, dass man in Betlehem und in der ganzen Gegend alle Kinder töten sollte, die in der Zeit zur Welt gekommen waren, die er von den Sterndeutern erfahren hatte. Da erhob sich ein lautes Wehklagen unter den Müttern und Vätern.

Doch Herodes hatte keinen Erfolg mit seinem Befehl. Denn ein Engel des Herrn war Josef im Traum erschienen. Er hatte ihm gesagt: „Steh auf, nimm das Kind und seine Mutter und flieh nach Ägypten. Denn Herodes wird das Kind suchen, um es zu töten." So stand Josef noch in der Nacht auf, nahm seinen Esel, setzte Maria und das Kind darauf und machte sich mit ihnen auf den Weg nach Ägypten. Als die Soldaten des Herodes nach Betlehem kamen, um die Kinder zu töten, waren Maria und Josef schon weit weg. Sie waren die ganze Nacht über in Richtung Ägypten gezogen. Eine Kerze in einer Laterne zeigte ihnen die Hindernisse auf ihrem Weg und ein Engel wies ihnen die Richtung, in die sie gehen mussten. Und der Engel bewahrte sie vor allen Gefahren, vor Räubern und vor wilden Tieren. Die Soldaten des Königs aber schickte er in die falsche Richtung. So konnten Maria und Josef sicher nach Ägypten gelangen. Dort blieben sie lange Zeit.

Eines Nachts kam wieder ein Engel zu Josef und erklärte ihm im Traum: „Herodes ist gestorben. Jetzt kannst du nach Israel zurückkehren. Keiner wird dem Kind mehr schaden." Da setzte Josef Maria und Jesus wieder auf den Esel und machte sich auf den Weg in sein Heimatdorf Nazaret in Galiläa, wo nun ein milder König herrschte. Josef nahm wieder seine Arbeit als Zimmermann auf, und der kleine Jesus half ihm dabei. So wuchs Jesus als ganz normaler Junge in dem kleinen Dorf Nazaret auf.

Jesus im Tempel

Lukas 2,41–52

Jedes Jahr zogen fromme Familien aus ganz Palästina am Paschafest nach Jerusalem. Auch Maria und Josef folgten diesem Brauch. Als Jesus zwölf Jahre alt war, nahmen sie ihn zum ersten Mal mit nach Jerusalem. Die ganze Stadt war voller Menschen, und es war ein schönes Fest, das sie gemeinsam feierten.

Als das Fest zu Ende war, machten sich Maria und Josef mit den anderen Pilgern wieder auf den Weg zurück nach Galiläa. Jesus war nicht bei ihnen, aber sie dachten, er sei mit ihren Verwandten vorausgegangen. Am Abend suchten sie sich einen Ruheplatz, um zu schlafen. Sie dachten, Jesus würde zu ihnen kommen, doch er kam nicht. Da suchten sie ihn bei den Verwandten. Als sie ihn nicht fanden, suchten sie ihn in der ganzen Pilgergruppe. Aber Jesus blieb verschwunden. Maria und Josef konnten die ganze Nacht nicht schlafen. Am nächsten Morgen machten sie sich ganz früh schon auf den Weg zurück nach Jerusalem. Dort suchten sie ihn in dem Haus, in dem sie übernachtet hatten. Aber auch die Familie, die dort wohnte, wusste nicht, wo Jesus war. So suchten sie weiter. Ihre Angst wurde immer größer. Sie machten sich Vorwürfe, dass sie nicht gleich bei der Abreise nach ihm gesucht hatten.

Nach drei Tagen fanden Maria und Josef ihren Sohn schließlich im Tempel. Er saß mitten unter den Lehrern. Er hörte ihnen zu und stellte Fragen. Die Lehrer und auch die Zuhörer wunderten sich über diesen Jungen, der so intelligente Fragen stellte und so gute Antworten gab. Sie fragten sich: „Woher hat er nur solche Weisheit? Er ist doch noch so jung." Als Maria Jesus sah, lief sie sofort zu ihm und sagte: „Wie konntest du uns das antun? Warum hast du uns nicht gesagt, dass du hierbleibst? Dein Vater und ich haben solche Angst um dich gehabt. Drei Tage lang haben wir nach dir gesucht." Doch ihr Sohn antwortete nur:

„Ich verstehe nicht, warum ihr euch Sorgen um mich macht. Wusstet ihr nicht, dass ich hier sein muss, im Haus meines Vaters?“ Maria und Josef verstanden nicht, was Jesus damit sagen wollte. Maria aber bewahrte die Worte ihres Sohnes in ihrem Herzen. Sie spürte, dass es etwas in ihm gab, das sie nicht verstehen konnte, zumindest zu diesem Zeitpunkt noch nicht.

Jesus aber ging mit Maria und Josef und machte sich mit ihnen auf den Weg nach Nazaret. Dort fügte er sich in das Leben der Familie ein. Er war ein gehorsamer Sohn und arbeitete weiter in Josefs Werkstatt. Und er lernte fleißig in der Bibelschule. Die Leute hatten ihn gern, denn er besaß ein angenehmes Wesen. Maria fiel auf, dass ihr Sohn eine große Weisheit in sich hatte. Er machte sich mehr Gedanken über das Leben als viele andere, und es war ihm wichtig, eine tiefe Beziehung zu Gott, seinem Vater, zu haben.

Johannes tauft Jesus

Matthäus 3,1–17; Markus 1,4–11; Lukas 3,1–22

Johannes, der Sohn von Elisabet und Zacharias, war schon als junger Mann in die Wüste gezogen. Er forderte die Menschen auf, ihr Leben zu ändern und sich Gott zuzuwenden.

Johannes selbst lebte sehr einfach. Sein Gewand war aus Kamelhaar und wurde von einem ledernen Gürtel zusammengehalten. Als Nahrung dienten ihm Heuschrecken und wilder Honig. Er machte großen Eindruck auf die Menschen. Und so kamen viele zu ihm, hörten seine Predigt an und ließen sich von ihm im Jordan taufen. Dabei tauchte er die Menschen im Wasser des Flusses unter. Das war für die Menschen ein Zeichen, dass ihre Sünden abgewaschen waren und sie nun ein neues Leben anfangen konnten.

Johannes gebrauchte in seiner Predigt harte Worte. Er sagte: „Ihr Schlangenbrut, bringt endlich Früchte hervor, die eure Umkehr zeigen. Jeder Baum, der keine Frucht bringt, wird umgehauen und ins Feuer geworfen." Die Leute fragten ihn: „Was sollen wir denn genau tun?" Er antwortete: „Wer zwei Gewänder hat, der gebe eines davon dem, der keines hat. Wer zu essen hat, gebe dem etwas davon, der nichts hat." Auch Zöllner kamen zu Johannes. Die Zöllner waren damals verhasst bei den Menschen, denn sie arbeiteten für die Römer und verlangten immer zu viel Zoll. Auch sie fragten: „Was sollen wir tun?" Johannes antwortete: „Verlangt nicht mehr, als festgesetzt ist." Auch Soldaten kamen zu Johannes und fragten, was sie tun sollten. Er antwortete: „Misshandelt niemanden, erpresst niemanden. Begnügt euch mit eurem Sold!"

Unter den vielen Menschen, die zu Johannes kamen, war auch Jesus. Auch er ließ sich von Johannes taufen. Johannes wollte es zuerst nicht zulassen und sagte zu ihm: „Ich müsste von dir getauft werden. Und du kommst zu mir?" Doch Jesus antwortete: „Lass es nur zu! Gott hat mir aufgetragen, mich von dir taufen zu lassen." Da tauchte Johannes Jesus in das Wasser des Jordan. Jesus betete dabei. Da öffnete sich auf einmal der Himmel, und Gottes Geist schwebte wie eine Taube auf Jesus hernieder. Und vom Himmel her erschallte eine Stimme: „Du bist mein geliebter Sohn. An dir habe ich Gefallen gefunden."

Die Leute, die Gottes Geist über Jesus schweben sahen und die Stimme vom Himmel hörten, wunderten sich. Sie spürten, dass dieser Jesus etwas Besonderes war. Johannes aber sagte zu den Leuten: „Er ist es, der mir voraus ist. Ich bin nicht wert, ihm die Schuhe aufzuschnüren. Ich taufe nur mit Wasser. Er wird mit Heiligem Geist taufen. Er ist der Sohn Gottes." Die Leute hörten die Worte des Johannes und staunten über Jesus. Doch Jesus ging von Johannes weg und zog sich allein in die Wüste zurück.

Jesus in der Wüste

Matthäus 4,1–11; Lukas 4,1–14

Jesus blieb vierzig Tage in der Wüste und fastete dort. Nach vierzig Tage Fasten bekam er Hunger. Da trat der Teufel an ihn heran. Er wollte ihn in Versuchung führen. Er sagte zu Jesus: „Wenn du der Sohn Gottes bist, so befiehl, dass aus diesen Steinen Brot wird. Du kannst doch Wunder wirken. Also wirke ein Wunder für dich, damit du nicht vor Hunger umkommst." Doch Jesus spürte, dass diese Worte nicht von Gott kamen, sondern vom Teufel. Und Jesus antwortete dem Teufel: „In der Bibel steht: Der Mensch lebt nicht vom Brot allein, sondern von jedem Wort, das aus Gottes Mund kommt. Das Wort Gottes nährt mich mehr als das Brot, das ich essen könnte."
Der Teufel merkte, dass er Jesus nicht so leicht verführen konnte. Da nahm er ihn mit auf einen hohen Berg in der Wüste. Von diesem Berg aus konnte man sehr weit sehen. Und der Teufel sagte zu ihm: „Schau nach Süden: Da gibt es viele Reiche. Schau nach Norden: Dort sind andere Königreiche. Alle diese Königreiche werde ich dir geben. Du wirst der mächtigste König sein auf Erden, wenn du dich vor mir niederwirfst und mich anbetest."
Jesus spürte die Versuchung, Macht über die Menschen zu bekommen, doch er widerstand ihr. Er antwortete dem Teufel: „In der Bibel steht geschrieben: Vor dem Herrn, deinem Gott, sollst du dich niederwerfen und ihm allein dienen. Ich werde mich nicht vor dir niederwerfen. Ich falle allein vor Gott, meinem Vater, nieder, um zu ihm zu beten."
Der Teufel spürte, dass auch das Versprechen von Macht und Herrlichkeit bei Jesus nicht wirkte. So führte der Teufel Jesus schließlich nach Jerusalem. Er stellte ihn oben auf die Zinnen des Tempels. Von dort aus konnte er auf die Stadt hinabschauen. Da sagte der Teufel zu Jesus: „Die Bibel sagt doch, dass Gott seinen Engeln befohlen hat, dich zu behüten. Die Engel werden dich auf ihren Händen tragen und dir kann

nichts geschehen. Probier es aus. Stürz dich von hier herab! Die Engel werden dich sicher tragen." Doch Jesus merkte sofort, dass der Teufel die Worte der Bibel falsch auslegte. Und er antwortete dem Teufel mit einem anderen Satz aus der Bibel: „Du sollst den Herrn, deinen Gott, nicht auf die Probe stellen."

Da erkannte der Teufel seine Ohnmacht. Er konnte Jesus nicht von seinem Weg mit Gott abbringen. So ging der Teufel enttäuscht von Jesus weg. Jesus aber kehrte zurück in die Wüste. Dort kamen Engel und dienten ihm. Sie brachten ihm zu essen, und er stärkte sich. Dann machte er sich auf den Weg nach Galiläa.

Jesus beruft die ersten Jünger

Matthäus 4,17–25; 9,9–13;
Markus 1,14–34; 2,14–17; Lukas 4,31–37

Jesus zog durch Galiläa und predigte den Menschen. Er sagte zu ihnen: „Die Zeit ist erfüllt. Das Reich Gottes ist nahe. Gott ist euch nahe. Er möchte in euch herrschen. Kehrt also um und glaubt der frohen Botschaft, dass Gott mit seiner Liebe euch immer nahe ist."
Die Leute staunten über die Predigt Jesu. Sie war nicht so hart wie die von Johannes in der Wüste. Jesus sprach von der Liebe Gottes zu den Menschen.
Einmal ging Jesus am See von Galiläa entlang. Da sah er Simon und dessen Bruder Andreas. Die beiden waren Fischer. Sie hatten aber kein Boot, sondern nur ihre Netze. Sie fingen die Fische, indem sie weit ins Wasser wateten und dann ihre Netze auswarfen. Jesus sagte zu ihnen: „Kommt her zu mir. Folgt mir nach. Ich werde euch zu Menschenfischern machen. Ihr werdet keine Fische mehr im See fangen, sondern ihr sollt Menschen zu Gott bringen." Die beiden Fischer spürten Jesu besondere Ausstrahlung. So ließen sie ihre Netze liegen und schlossen sich Jesus an.
Jesus ging weiter am See entlang. Da sah er Jakobus und seinen Bruder Johannes. Sie waren mit ihrem Vater Zebedäus im Boot und richteten gerade ihre Netze her. Sie waren wohlhabender als Simon und Andreas und besaßen eine kleine Fischereiflotte. Sie hatten auch Tagelöhner angestellt. Sie fuhren mit ihren Booten auf den See hinaus, um dort mitten im See Fische zu fangen. Jesus rief die beiden Brüder: „Kommt, folgt mir nach. Ich werde euch zu Menschenfischern machen." Auch diese beiden Brüder waren von der Stimme Jesu berührt. Und sie spürten, dass Jesus sie auf ganz neue Wege führen würde. So verließen sie ihren Vater und ihre ganze Fischereiflotte und folgten Jesus nach.
Nun hatte Jesus schon vier Männer, die ihm nachfolgten. Mit ihnen

zog er nach Kafarnaum. Gemeinsam gingen sie – wie es sich für fromme Juden gehörte – am Sabbat in die Synagoge. Dort predigte Jesus. Die Leute wunderten sich über seine Predigt, denn er sprach ganz anders als die Schriftgelehrten. Er redete nicht über fromme Dinge. Er sprach so von Gott, dass die Menschen Gottes Gegenwart spürten. Wenn sie ihm zuhörten, erkannten die Leute: „Ja, genau so ist Gott. Jesu Botschaft bringt uns näher zu Gott."
Doch in der Synagoge saß auch ein Mann, der von einem unreinen Geist besessen war. Er war so unzufrieden mit seinem Leben, dass er nur ganz düstere Bilder von Gott in seinem Kopf hatte. Als Jesus nun so schön von Gott sprach, schrie dieser Mann laut auf: „Wie kannst du so von Gott reden? Gott ist ganz anders. Er bestraft die Menschen. Alle Menschen sind böse." Doch Jesus spürte, dass aus diesem Mann ein unreiner Geist sprach. Und er befahl dem unreinen Geist: „Schweig und verlass ihn!" Da warf der Geist den Mann hin und her, und der Mann wälzte sich auf dem Boden. Schließlich schrie der Geist laut auf und verließ den Mann. Da richtete sich der Mann langsam auf. Sein

Gesicht war nicht mehr verzerrt, sondern strahlte große Ruhe aus. Da erschraken alle Menschen, die dabei waren. Sie sagten zueinander: „Was soll das bedeuten? Dieser Jesus verkündet eine ganz neue Lehre. Und er spricht mit der Vollmacht Gottes. Gott ist mit ihm. Sogar die unreinen Geister gehorchen seinem Befehl."

Jesus aber verließ mit seinen Jüngern die Synagoge und ging in das Haus, in dem er wohnte. Als es Abend geworden war, brachten die Leute alle Kranken und Besessenen zu ihm. Die ganze Stadt war vor seiner Haustür versammelt. Jesus heilte viele Kranke. Und aus denen, die von unreinen Geistern besessen waren, trieb er die Geister aus, sodass sie wieder klar denken konnten.

Auf dem Weg durch Galiläa forderte Jesus noch andere Männer auf, ihm zu folgen. Einmal sprach er einen Zöllner an. Er sah Levi vor dem Zollhaus sitzen und sagte zu ihm: „Folge mir nach!" Da stand Levi sofort auf und ging mit ihm. Und er lud Jesus und die Jünger, die bei ihm waren, bei sich im Haus zum Essen ein. Auch Levis Freunde kamen, die wie er Zöllner waren. Es war ein fröhliches Mahl. Es gab gutes Essen und Wein dazu. Doch die Pharisäer, fromme Männer, die das jüdische Gesetz ganz genau nahmen, waren entsetzt, dass Jesus mit solchen Menschen zusammen am Tisch saß. Denn die Zöllner galten bei den frommen Juden als Sünder, weil sie mit Geld zu tun hatten. Die Pharisäer sagten zu den Jüngern: „Wie kann euer Meister mit den Sündern zusammen Mahl halten?" Doch Jesus hörte, was die Pharisäer zu seinen Jüngern sagten, und entgegnete ihnen: „Nicht die Gesunden brauchen den Arzt, sondern die Kranken. Ich bin gekommen, um Sünder auf einen besseren Weg zu führen, nicht jene, die schon wissen, wie sie leben sollen." Da wunderten sich alle. Und sie trauten sich nicht mehr, etwas gegen Jesus zu sagen.

Die Hochzeit in Kana

Johannes 2,1–12

Jesus wurde bei den Menschen immer beliebter. Als ein Verwandter von ihm heiratete, wurde Jesus mit seinen Jüngern zur Hochzeit eingeladen. Auch seine Mutter Maria war dabei. So feierten sie ein fröhliches Hochzeitsfest mit vielen Gästen. Eine jüdische Hochzeit dauerte damals mehrere Tage. Die Leute freuten sich über den guten Wein. Doch weil es so viele Gäste waren, ging der Wein bald aus. Als Maria das bemerkte, ging sie zu ihrem Sohn Jesus und sagte: „Sie haben keinen Wein mehr." Doch Jesus antwortete etwas abweisend: „Was geht das mich an? Meine Stunde ist noch nicht gekommen." Maria aber wusste, dass er ihre Bitte gehört hatte und sie erfüllen würde. Deshalb sagte sie zu den Dienern: „Was er euch sagt, das tut!"

Wenn jemand am Fest teilnehmen wollte, musste er sich zuerst die Hände waschen. Daher standen dort sechs steinerne Wasserkrüge. Jeder Krug fasste ungefähr hundert Liter. Die Leute hatten sich schon alle mit dem Wasser aus den Krügen gereinigt, daher waren sie leer. Jesus sagte zu den Dienern: „Füllt die Krüge mit Wasser!" Die Diener wussten zwar nicht, was das sollte, aber da Maria ihnen gesagt hatte, sie sollten Jesu Anweisungen befolgen, taten sie es. Sie holten aus dem nahe gelegenen Brunnen Wasser und füllten damit die sechs Krüge. Als die Krüge voll mit Wasser waren, sagte Jesus zu den Dienern: „Schöpft nun daraus und bringt es dem, der für das Festmahl verantwortlich ist." Denn es gab bei jeder Hochzeit einen Speisemeister, der für die Speisen und Getränke verantwortlich war. So brachten die Diener dem Speisemeister etwas von dem Wasser, das in den Krügen war. Als der Speisemeister den Becher an die Lippen setzte, war das Wasser zu Wein geworden. Er wusste zwar nicht, wo der Wein herkam, aber er schmeckte ihm sehr gut. Der Speisemeister glaubte, der Bräutigam habe den neuen Wein besorgt. So ließ er den Bräutigam rufen und sagte ihm:

„Die meisten Gastgeber setzen ihren Gästen zuerst den guten Wein vor. Erst wenn die Gäste zu viel getrunken haben, kommt der weniger gute auf den Tisch. Du aber hast den guten Wein bis jetzt zurückgehalten."

Der Bräutigam wunderte sich. Er wusste selbst nicht, woher der Wein kam. Da erzählten ihm die Diener, dass Jesus das Wasser in den Krügen in Wein verwandelt hatte. Die Hochzeitsgäste staunten über dieses Wunder. Sie erkannten, dass von Jesus eine große Kraft ausging. Und sie freuten sich, dass er die Hochzeitsfeier gerettet hatte und alle fröhlich weiterfeiern konnten.

Die Jünger aber, die das Wunder gesehen hatten, fingen an, an Jesus zu glauben. Nun wussten sie, dass Jesus tatsächlich von Gott kam, denn nur Gott konnte solche Wunder vollbringen.

Vom Sämann und vom Senfkorn

Matthäus 13,1–9.18–23.31–32

Jesus predigte nicht nur in den Synagogen. Er lehrte die Menschen auch am Ufer des Sees von Galiläa. Als er wieder einmal am Ufer predigte, versammelten sich so viele Menschen, dass er sie mit seiner Stimme gar nicht mehr erreichen konnte. Da stieg Jesus in ein Boot und ließ sich etwas vom Ufer wegfahren. Das Boot war wie eine Kanzel. Von dort aus konnte er so sprechen, dass die Menschen am Ufer ihn verstanden, und alle hörten ihm zu.

Jesus hielt keine langweiligen Predigten, sondern erzählte viele Beispiele aus dem Leben. Oft sprach er in Gleichnissen. Einmal erzählte er diese Geschichte:

„Ein Sämann ging aufs Feld, um seinen Samen auszusäen. Ein Teil des Samens fiel auf den Weg, und die Vögel fraßen den Samen auf. Ein anderer Teil fiel auf felsigen Boden. Die Saat ging zwar auf, doch als die Sonne kam, verdorrte sie. Ein dritter Teil des Samens fiel unter die Dornen, und die Dornen ersticken die Saat. Doch der Samen, der auf fruchtbaren Ackerboden fiel, brachte reiche Frucht."

Die Leute spürten, dass Jesus von ihnen sprach: Das Wort Gottes ist der Samen, das Herz aber ist der Ackerboden. Nur wenn das Herz offen ist, kann es das Wort Gottes aufnehmen und reiche Frucht bringen. Die Leute hörten Jesus gerne zu, denn sie verstanden, was er sagen wollte. Er sprach aus ihrem Leben.

Jesus predigte vor allem vom Reich Gottes. Er wollte den Menschen sagen: „Gott ist euch nahe. Gott will in euren Herzen herrschen. Lasst euch nicht von anderen Menschen oder euren eigenen Bedürfnissen bestimmen. Nur wenn Gott in euren Herzen wohnt, kann euer Leben fruchtbar sein." Damit die Leute besser verstehen konnten, was er meinte, erzählte er ihnen ein weiteres Gleichnis. Er sagte:

„Das Reich Gottes gleicht einem Senfkorn. Das Senfkorn ist das kleinste von allen Samenkörnern. Man sieht es kaum. Doch wenn es gesät ist und guten Boden gefunden hat, dann geht es auf und wird zum Baum. Es treibt große Zweige, in denen die Vögel des Himmels ihre Nester bauen. Und die jungen Vögel schlüpfen aus und singen in den Zweigen des Senfbaumes ihre fröhlichen Lieder."

Auch der Kreis der Jünger, die Jesus nachfolgten, war im Vergleich zum großen Volk Israel klein wie ein Senfkorn. Doch Jesus schenkte den Jüngern Vertrauen, dass sich die kleine Gemeinschaft über die ganze Welt ausbreiten würde.

Jesus heilt einen Gelähmten

Markus 2,1–12; Lukas 5,17–26

Jesus lehrte oft draußen am See. Manchmal predigte er aber auch in dem Haus in Kafarnaum, in dem er und seine Jünger wohnten. Eines Tages war das Haus so voller Menschen, dass man von außen gar nicht mehr eintreten konnte. In allen Türen drängten sich die Leute. Da kamen vier Männer, die einen Gelähmten auf einer Bahre zu Jesus bringen wollten. Sie hatten die Hoffnung, dass Jesus ihn heilen würde. Doch sie gelangten nur bis zur Tür. Es gab kein Durchkommen, alles war restlos voll. Die vier Männer überlegten kurz, dann hatten sie eine Idee. Sie stiegen auf das Dach. Damals waren die Dächer aus Holzbalken, die mit Schilf belegt waren. Darüber war eine Lehmschicht. Die vier Männer schlugen ein Loch in die Decke. Die Leute im Haus wunderten sich, als auf einmal Lehm auf sie herabrieselte und von oben die Bahre mit dem Gelähmten an Stricken heruntergelassen wurde. Die Bahre kam direkt vor Jesus zum Stehen. Jesus blickte auf und sah die vier Männer oben auf dem Dach. Da freute er sich über den Glauben der vier Männer. Sie hatten solches Vertrauen zu ihm, dass sie sogar aufs Dach gestiegen waren.

Nun wandte sich Jesus dem Gelähmten zu. Der dachte: „Jetzt wird mich Jesus heilen." Doch Jesus sagte zu ihm: „Mein Sohn, deine Sünden sind dir vergeben." Der Gelähmte war enttäuscht, denn er wollte endlich wieder gehen können. Aber er erinnerte sich auch, dass er bisher nicht so gelebt hatte, wie er es eigentlich hätte sollen. So waren die Worte Jesu durchaus tröstlich für ihn.

Doch einige Schriftgelehrte, die dabeisaßen, dachten: „Wie kann Jesus dem Gelähmten seine Sünden vergeben? Gott allein kann Sünden vergeben, nicht aber ein Mensch." Sie waren empört über Jesu Verhalten, doch sie sagten nichts. Jesus aber merkte, was in ihren Köpfen vorging. Deshalb fragte er sie: „Was ist leichter zu sagen: ‚Deine Sünden sind dir

vergeben‘, oder: ‚Steh auf, nimm deine Bahre und geh umher?‘“ Die Schriftgelehrten antworteten nicht auf seine Frage. Da sagte Jesus zu ihnen: „Ihr sollt erkennen, dass ich von Gott die Vollmacht habe, hier auf Erden Sünden zu vergeben.“ Und als Zeichen seiner Vollmacht sagte er zu dem Gelähmten: „Steh auf, nimm deine Bahre und geh nach Hause!“ Da stand der Mann sofort auf. Das Wort Jesu hatte ihn gesund gemacht. Er nahm seine Bahre, wie Jesus es ihm befohlen hatte, und mit der Bahre unter dem Arm ging er nach Hause.
Die Leute aber waren ganz außer sich. Sie lobten Gott und sagten: „So etwas haben wir noch nie gesehen.“ Und alle, die das Wunder gesehen hatten, freuten sich. Sie spürten, dass Gott selbst in Jesus zu ihnen gekommen war, um ihre Krankheiten zu heilen.

Die Bergpredigt

Matthäus 5,1–20.38–44; 6,7–13; 7,1–5.24–27; Lukas 6,20–49

Immer mehr Menschen kamen zu Jesus, um ihn zu hören. Als er die vielen Menschen sah, stieg er auf einen Berg. Dort setzte er sich nieder, und seine Jünger scharten sich um ihn. Dann begann er, eine lange Rede zu halten. Er sprach:
„Selig, die arm sind vor Gott, denn ihnen gehört das Himmelreich. Selig die Trauernden, denn sie werden getröstet werden. Selig, die keine Gewalt anwenden, denn sie werden das Land erben. Selig, die hungern und dürsten nach der Gerechtigkeit, denn sie werden satt werden. Selig die Barmherzigen, denn sie werden Erbarmen finden. Selig, die ein reines Herz haben, denn sie werden Gott schauen. Selig, die Frieden stiften, denn sie werden Söhne Gottes heißen. Selig, die verfolgt werden, weil sie an Gott glauben, denn ihnen gehört das Himmelreich."
Und Jesus wandte sich an die Jünger und sagte: „Ihr seid das Salz der Erde. Ihr bringt den Geist Gottes in diese Welt und gebt ihr so neuen Geschmack. Ihr seid das Licht der Welt. Ihr sollt euer Licht vor allen Menschen strahlen lassen, indem ihr Gutes tut, indem ihr eure Mitmenschen liebt und euch für die Gerechtigkeit in dieser Welt einsetzt. Durch euch soll sie heller und wärmer werden."
Dann erklärte Jesus seinen Jüngern, wie sie ein Licht für die Welt sein konnten: „Begnügt euch nicht mit dem, was die Pharisäer von euch verlangen. Ihr sollt nicht nur nach den Gesetzen leben, sondern auch gute Gedanken in euren Herzen haben. Ihr sollt einander nicht Böses mit Bösem vergelten. Vielmehr sollt ihr das Böse durch das Gute besiegen. Liebt eure Feinde, denn auch Gott lässt seine Sonne über Gute und Böse scheinen."
Dann zeigte Jesus den Jüngern, wie sie beten sollten: „Wenn ihr betet, dann plappert nicht gedankenlos vor euch hin. Euer Vater weiß ja, was ihr braucht, noch bevor ihr ihn darum bittet. So sollt ihr beten: Vater

unser im Himmel, geheiligt werde dein Name, dein Reich komme. Dein Wille geschehe, wie im Himmel, so auch auf Erden. Unser tägliches Brot gib uns heute. Und vergib uns unsere Schuld, wie auch wir vergeben unseren Schuldigern. Und führe uns nicht in Versuchung, sondern erlöse uns von dem Bösen."

Und Jesus schärfte seinen Jüngern ein, nie über andere zu richten. Er sagte: „Wer andere richtet, der wird selbst auch gerichtet werden. Manche sehen den Splitter im Auge des Bruders, aber den Balken im eigenen Auge übersehen sie. Zieht zuerst den Balken aus dem eigenen Auge, bevor ihr den Splitter aus dem Auge des anderen entfernt."

Jesus beendete seine Bergpredigt, indem er ein letztes Mal in Bildern und Vergleichen sprach. Er sagte: „Wer meine Worte hört und sie befolgt, der ist wie ein kluger Mann, der sein Haus auf Felsen baut. Da können Stürme und Wasserwogen kommen, doch das Haus bleibt trotzdem stehen. Wer jedoch nicht auf meine Worte hört, ist wie einer, der sein Haus leichtsinnig auf Sand baut. Sein Haus wird einstürzen, sobald ein heftiger Sturm darüber hinwegweht."

Jesus erweckt die Tochter des Jairus

Matthäus 9,18–19.23–26; Markus 5,21–24.35–43

In Kafarnaum war Jairus der Vorsteher der Synagoge. Er hatte eine Tochter, die schwer krank war. Jairus hatte Angst, dass sie sterben würde. Er ging zu Jesus, der gerade am Ufer des Sees eine Predigt hielt. Jairus fiel vor Jesus auf die Knie und flehte um Hilfe. Er bat: „Komm in mein Haus. Meine Tochter liegt im Sterben. Leg ihr deine Hand auf. Dann wird sie wieder gesund werden." Jesus sah den Schmerz des Vaters, aber auch, wie sehr dieser auf seine Hilfe vertraute. So ging er mit. Doch während sie noch auf dem Weg waren, kamen Bekannte von Jairus und sagten zu ihm: „Deine Tochter ist gerade gestorben. Es hat keinen Sinn, Jesus zu bemühen. Da ist nichts mehr zu machen." Doch Jesus sagte zum Synagogenvorsteher: „Hab keine Angst. Glaube nur! Dann wird deine Tochter gesund." Der Vater versuchte zu glauben. Jesus nahm den Vater und drei seiner Jünger mit ins Haus. Als er durch die Tür trat, hörte er den Lärm im Haus. Die Leute jammerten und weinten und hielten schon die Totenklage. Jesus sagte zu ihnen: „Warum weint ihr und haltet schon die Totenklage? Das Kind ist nicht gestorben. Es schläft nur." Doch die Leute glaubten Jesus nicht und lachten ihn aus. Da schickte Jesus sie weg. Er sagte: „Verlasst alle das Haus. Ich will zu dem Mädchen gehen und es gesund machen." Dann ging er mit den Eltern des Mädchens und mit seinen drei Jüngern in den Raum, in dem das Mädchen auf dem Bett lag. Jesus fasste das Kind an der Hand und sagte zu ihm: „Talita kum!" Das ist aramäisch, die Muttersprache Jesu, und bedeutet: „Mädchen, ich sage dir: Steh auf!" Sofort stand das Mädchen auf. Alle wunderten sich. Sie hatten geglaubt, das Mädchen sei tot, doch nun ging es im Raum umher. Es umarmte seinen Vater und seine Mutter, und alle waren glücklich. Jesus aber sagte: „Gebt dem Kind etwas zu essen, damit es wieder zu Kräften kommt. Und niemand soll erfahren, was heute hier geschehen ist."

Jesus heilt am Sabbat

Matthäus 12,9–14; Markus 3,1–6

Am Sabbat ging Jesus wie alle frommen Juden immer in die Synagoge. Er hörte die Lesungen und die Predigt an. Da saß einmal in seiner Nähe ein Mann, dessen Hand verdorrt war. Der Mann hatte sich an den Rand gesetzt, denn er wollte nicht auffallen. Doch Jesus entdeckte ihn und sprach ihn an: „Steh auf und stell dich in die Mitte!“ Die Besucher der Synagoge passten genau auf, was Jesus tun wollte. Denn am Sabbat war es verboten, eine Arbeit zu verrichten. Dazu zählte auch das Heilen von kranken Menschen. Nur in Todesgefahr war es erlaubt, einen Kranken zu heilen. Die verdorrte Hand des Mannes stellte jedoch keine Todesgefahr dar. So warteten die frommen Juden gespannt darauf, was Jesus wohl tun würde.

Jesus merkte, dass ihn die Pharisäer beobachteten. Und er erkannte, was sie dachten. Da fragte er sie: „Was ist am Sabbat erlaubt: Gutes zu tun oder Böses, ein Leben zu retten oder es zu vernichten?“ Die Pharisäer schwiegen auf diese Frage, denn sie konnten nichts darauf antworten. Wenn sie gesagt hätten, am Sabbat dürfe man Gutes tun, dann wäre das die Erlaubnis für Jesus gewesen, den Kranken zu heilen. Sie konnten aber auch unmöglich sagen, dass man am Sabbat Böses tun durfte. Sie merkten, dass Jesus ihnen überlegen war und sich von ihnen nicht einschüchtern ließ. Also blieben sie stumm.

Jesus aber schaute jeden Einzelnen der Reihe nach an. Er war voll Trauer über die Härte in ihren Herzen. Dann wandte er sich wieder dem Mann mit der verdorrten Hand zu. Er sagte zu ihm: „Streck deine Hand aus!“ Und sofort streckte der Mann die Hand aus. Er konnte sie wieder bewegen, sie war wieder ganz gesund. Viele Leute freuten sich, dass Jesus den Mann mit seiner verdorrten Hand geheilt hatte. Aber die Pharisäer gingen voller Wut aus der Synagoge hinaus. Vor lauter Zorn konnten sie nicht mehr beten. Sie berieten miteinander, wie sie

Jesus umbringen könnten. Denn sie sagten: „Dieser Jesus bringt die Leute durcheinander. Er hält sich nicht an die Gesetze. Und er nimmt uns unsere Macht. Die Leute respektieren uns nicht mehr und werden sich ihm zuwenden. Das müssen wir verhindern. Wir müssen ihn umbringen." Doch Jesus ließ sich durch ihre Pläne nicht davon abhalten, das zu tun, was Gott ihm aufgetragen hatte.

Die Geschichte vom Pharisäer und vom Zöllner

Lukas 18,9–14

Jesus beobachtete die Menschen ganz genau. Er spürte, dass manche frommen Leute von ihrer eigenen Gerechtigkeit überzeugt waren und meinten, sie würden alles richtig machen. Und sie stellten sich über andere Menschen, die nicht so fromm waren wie sie. Diesen Menschen erzählte Jesus eine Geschichte, die er selbst einmal im Tempel erlebt hatte:

„Zwei Männer gingen zum Tempel hinauf, um zu beten. Der eine war ein Pharisäer, der stolz war auf seine eigene Gerechtigkeit. Der andere aber war ein Zöllner, der von den Leuten als Sünder angesehen wurde. Der Pharisäer stellte sich im Tempel hin und betete zu Gott. Aber eigentlich betete er zu sich selbst, denn er sprach nur von sich. Er sagte: ‚Lieber Gott, ich danke dir, dass ich nicht so bin wie die vielen Menschen, die sich nicht um deine Gebote kümmern. Es gibt ja so viele Räuber und Betrüger und Ehebrecher. Ich habe noch nie die Ehe gebrochen und halte mich immer an alle Gebote. Ich bin auch nicht so wie dieser Zöllner, der da hinten steht und auch versucht zu beten. Aber wie soll er denn zu dir beten, wo er doch so ein schlechter Mensch ist? Ich aber bin ein guter Mensch. Ich faste zweimal in der Woche. Ich zahle pünktlich meine Tempelsteuer. Und ich habe die Tempelsteuer freiwillig auf den zehnten Teil meines Einkommens erhöht. Ich danke dir, dass ich alles richtig mache und dass ich ein so guter Mensch bin.‘ Der Pharisäer dachte bei seinem Gebet nicht an Gott. Er kreiste nur um sich selbst und stellte sich über alle anderen Menschen.

Der Zöllner aber blieb ganz hinten im Tempel stehen. Er traute sich nicht, so weit nach vorne zu gehen wie der Pharisäer. Er wagte es nicht, die Augen zum Himmel zu erheben, und blieb gebeugt stehen. Er schlug sich mit der Faust an die Brust und äußerste nur eine einzige

Bitte: ‚Gott, sei mir Sünder gnädig!‘ Sonst blieb er ganz still stehen und hoffte auf das Erbarmen Gottes. Er war sich seiner Schuld bewusst. Aber er sehnte sich danach, dass Gott ihm seine Sünden vergab. Mit seinen Gedanken war er ganz bei Gott.“

Jesus schloss seine Erzählung mit den Worten: „Ich sage euch: Dieser Zöllner, der sich seiner Schuld bewusst war, kehrte als Gerechter nach Hause zurück. Er hat Gottes Barmherzigkeit erfahren. Gott hat ihn aufgerichtet und ihm seine Sünden vergeben. Doch der Pharisäer kehrte nicht als Gerechter zurück, sondern als Sünder. Denn er hat sich selbst erhöht. Wer sich aber selbst erhöht, der wird erniedrigt. Wer nur gut von sich spricht, der merkt gar nicht, wie er vom Bösen nach unten gezogen wird. Wer sich aber selbst erniedrigt, wer sich seiner Kleinheit bewusst ist, den erhöht Gott, den richtet er auf und schenkt ihm sein Erbarmen.“

Das Gleichnis von den Arbeitern im Weinberg

Matthäus 20,1–16

Jesus konnte wunderbar erzählen, und die Leute hörten ihm gerne zu. Doch manchmal regten sich seine Zuhörer auch auf und sagten: „So kann das doch nicht gehen. So kann Gott doch nicht sein. Das ist doch nicht gerecht." Jesus aber öffnete den Menschen die Augen und zeigte ihnen, wie Gott wirklich war. So erzählte er ihnen einmal das Gleichnis vom Gutsbesitzer, der Arbeiter für seinen Weinberg suchte. Er sagte:

„Mit dem Himmelreich ist es wie mit einem Gutsbesitzer, der früh am Morgen sein Haus verließ, um Arbeiter für seinen Weinberg anzuwerben. Er ging auf den Markt und fand dort einige Männer, die bereit waren, in seinem Weinberg zu arbeiten. Als Lohn für den Tag einigten sie sich auf einen Denar. Um neun Uhr ging der Gutsbesitzer wieder auf den Markt, denn er brauchte weitere Arbeiter für seinen Weinberg. Er sah einige Männer herumstehen, die keine Arbeit hatten, und sagte

zu ihnen: ‚Geht auch ihr in meinen Weinberg. Ich werde euch geben, was recht ist.' Da gingen die Männer bereitwillig mit ihm. Das Gleiche geschah um zwölf und um fünfzehn Uhr. Um siebzehn Uhr ging der Gutsbesitzer ein letztes Mal zum Markt und schickte Arbeiter in seinen Weinberg, obwohl um achtzehn Uhr schon Arbeitsschluss war.
Als nun der Abend gekommen war, ließ der Gutsbesitzer die Trompete blasen, damit alle ihre Arbeit beendeten. Dann ließ er verkünden, dass alle zu ihm kommen sollten, um sich ihren Lohn abzuholen. Zuerst aber sollten die kommen, die zuletzt eingestellt worden waren. Jedem von ihnen gab er einen Denar, den Lohn für einen ganzen Tag. Die Arbeiter freuten sich sehr, denn sie hatten ja nur eine Stunde gearbeitet. Die anderen, die länger gearbeitet hatten, dachten nun, dass sie mehr bekämen. Aber auch sie bekamen nur einen Denar, selbst die, die schon am Morgen eingestellt worden waren. Da ärgerten sie sich über den Gutsbesitzer und beschwerten sich. Sie sagten: ‚Diese Männer hier haben nur eine Stunde gearbeitet und du hast ihnen den gleichen Lohn gegeben wie uns. Wir aber haben den ganzen Tag über die Last der Arbeit getragen. Wir haben die Hitze ausgehalten. Und jetzt bekommen wir auch nur den einen Denar, den die anderen bekommen haben?' Doch der Gutsherr wandte sich an einen von denen, die murrten, und sagte: ‚Mein Freund, dir geschieht kein Unrecht. Hast du nicht einen Denar mit mir vereinbart? Nimm also dein Geld und geh! Aber ich will dem Letzten dasselbe geben wie dir. Darf ich mit dem, was mir gehört, nicht tun, was ich will? Oder bist du neidisch, weil ich zu anderen gütig bin?' Die Arbeiter, die schon um sieben Uhr angefangen hatten, verstanden nicht ganz, was der Gutsherr meinte. Aber sie wussten auch, dass sie den Lohn empfangen hatten, den sie mit ihm vereinbart hatten."
Jesu Zuhörer wunderten sich genauso über den Gutsherrn wie die Arbeiter. Aber sie begriffen, dass Gott genauso handelt wie der Gutsherr: Jeder bekommt von ihm, was er braucht, denn in seinen Augen sind wir alle gleich.

Fünftausend Menschen werden satt

Matthäus 14,13–21; Markus 6,30–44;
Lukas 9,10–17; Johannes 6,1–15

Jesus hatte seine Jünger ausgesandt, um den Leuten in seinem Namen die frohe Botschaft zu verkünden, dass das Reich Gottes nahe war. Er hatte ihnen auch die Vollmacht gegeben, Kranke zu heilen und die Menschen von unreinen Geistern zu befreien. Er schickte sie jeweils zu zweit in die umliegenden Ortschaften. Nun hatten die Jünger ihre Aufgabe erfüllt und kamen zurück zu Jesus. Sie wollten ihm erzählen, was sie alles erlebt hatten. Da sagte Jesus zu ihnen: „Kommt mit an einen einsamen Ort, an dem wir alleine sind. Ruht euch ein wenig aus. Dann könnt ihr mir erzählen, was ihr erlebt habt.“ Sie fanden nämlich kaum Zeit zum Essen, weil immer wieder Leute kamen, die Jesus hören wollten oder ihn baten, sie zu heilen. So fuhr Jesus mit seinen Jüngern im Boot an einen einsamen Ort am Ufer des Sees Gennesaret. Doch die Leute beobachteten, wohin sie mit ihrem Boot fuhren. Sie liefen ihnen am Ufer voraus und kamen noch vor Jesus und seinen Jüngern an.

Als Jesus aus dem Boot stieg, um mit seinen Jüngern alleine zu sein, sah er die vielen Menschen, die sich am Ufer versammelt hatten. Da bekam er Mitleid mit ihnen, denn er spürte: Sie waren wie Schafe, die keinen Hirten hatten. Sie brauchten jemanden, der ihnen den Weg zu Gott zeigte. Da vergaß Jesus seinen Wunsch, mit seinen Jüngern

allein zu sein, und fing an zu predigen. Er erzählte viele Gleichnisse, die den Menschen Mut machten, ihr Leben mit Gott zu leben.
Jesus sprach den ganzen Tag mit den Leuten. Als es Abend geworden war, kamen seine Jünger zu Jesus und sagten zu ihm: „Die Gegend ist einsam, und es ist schon sehr spät. Schick die Leute weg, damit sie in die umliegenden Höfe und Dörfer gehen und sich etwas zu essen kaufen können." Doch Jesus sagte zu seinen Jüngern: „Gebt ihr ihnen zu essen." Seine Jünger antworteten: „Sollen wir selbst gehen und für zweihundert Denare Brot kaufen? Das könnten wir den Leuten dann geben, damit sie nicht hungrig nach Hause gehen müssen. Aber so viel Brot können wir gar nicht schleppen. Und wir wissen nicht, ob wir überhaupt genug auftreiben können." Da fragte Jesus seine Jünger: „Wie viel Brote habt ihr? Geht und seht nach!" Als sie nachgesehen hatten, berichteten sie ihm: „Wir haben fünf Brote und zwei Fische. Das reicht gerade für uns Jünger und für dich."
Jesus befahl seinen Jüngern: „Lasst die Leute sich ins grüne Gras setzen. Sie sollen sich in Gruppen zu je fünfzig zusammensetzen." Und so setzten sich die Menschen und warteten voller Spannung auf das, was Jesus mit ihnen vorhatte. Jesus nahm die fünf Brote und die zwei Fische. Er blickte zum Himmel auf und sprach ein Segensgebet. Dann brach er die Brote und gab sie den Jüngern. Die Jünger sollten sie austeilen. Immer wieder brach Jesus die Brote, und sie wurden nicht weniger. Es war, als ob er einen unerschöpflichen Vorrat an Brot habe. Jesus gab auch die zwei Fische weiter, und auch sie wurden nicht weniger. Alle aßen von den Broten und Fischen, und alle wurden satt. Schließlich befahl Jesus seinen Jüngern, die Reste wieder einzusammeln. Obwohl es fünftausend Menschen gewesen waren, die von den Broten und Fischen gegessen hatten, konnten zwölf Körbe mit Resten gefüllt werden. Und alle, die dabei waren, staunten über dieses Wunder.

Jesus stillt den Sturm

Matthäus 14,22–33; Markus 6,45–52; Johannes 6,16–21

Nachdem alle Menschen satt geworden waren, forderte Jesus seine Jünger auf, ins Boot zu steigen und ans andere Ufer nach Betsaida zu fahren. Er selbst würde erst die Menschen entlassen und dann zu Fuß nach Betsaida kommen. Jesus verabschiedete sich von den vielen Menschen und wünschte jedem Einzelnen den Segen Gottes. Dann zog er sich auf einen Berg zurück, um ganz allein mit Gott zu sein und zu beten. Er suchte sich eine schöne Stelle aus, von der er einen guten Blick auf den See Gennesaret hatte. Während er betete, kam ein heftiger Sturm über dem See auf, und Jesus sah, wie das Boot seiner Jünger von den Wellen hin und her geworfen wurde. So sehr die Jünger auch ruderten, sie kamen überhaupt nicht vorwärts. Ein heftiger Gegenwind blies ihnen ins Gesicht und hinderte sie daran, ans andere Ufer zu gelangen. Die Jünger waren erfahrene Seeleute, doch ihr ganzes Wissen und ihre Anstrengungen nützten nichts. Da bekamen sie es mit der Angst zu tun.

Jesus sah, wie sich die Jünger abmühten und mit ihrem Boot nicht weiterkamen. Da stieg er vom Berg herab und ging über das Wasser auf sie zu. Als die Jünger ihn sahen, schrien sie auf, denn sie hielten ihn für ein Gespenst. Doch Jesus sprach sie an und sagte: „Habt Vertrauen. Ich bin es. Fürchtet euch nicht!“ Als Petrus Jesus erkannte und seine beruhigenden Worte hörte, sagte er zu Jesus: „Herr, wenn du es bist, so befiehl mir, dass ich auf dem Wasser zu dir komme.“ Er hatte wieder Vertrauen gefasst, weil Jesus selbst ihnen entgegenging. Jesus sagte zu Petrus: „Komm!“ Da stieg Petrus aus dem Boot und ging auf Jesus zu. Er merkte gar nicht, dass er wie Jesus auf dem Wasser ging, denn er hatte seinen Blick nur auf Jesus gerichtet. Doch dann sah er auf einmal auf das Wasser, er spürte den heftigen Wind und bekam Angst. Und in seiner Angst begann er unterzugehen. Jetzt war alles Vertrauen verschwunden. Er schrie zu Jesus: „Herr, rette mich!“ Jesus streckte sofort die Hand aus, ergriff Petrus und zog ihn aus dem Wasser. Dann sagte er zu ihm: „Warum hast du gezweifelt? Wie lange soll ich dir noch erklären, dass du dein ganzes Vertrauen auf Gott setzen sollst?“ Petrus war froh, dass Jesus ihn an der Hand genommen hatte und jetzt mit ihm über den See ging. Aber zugleich erkannte er, wie leicht er in seinem Glauben verunsichert wurde. Jesus stieg mit Petrus zusammen ins Boot. Da legte sich der Sturm und alles war ruhig. Die Jünger im Boot aber waren sehr bewegt. Sie fielen vor Jesus nieder und sagten zu ihm: „Wahrhaftig, du bist Gottes Sohn.“

Das Gleichnis vom barmherzigen Samariter

Lukas 10,25–37

Jesus diskutierte oft mit den Pharisäern und Schriftgelehrten. Einmal fragte ein Schriftgelehrter Jesus: „Meister, was muss ich tun, um das ewige Leben zu gewinnen?“ Er wollte Jesus auf die Probe stellen. Aber Jesus durchschaute seine Absicht und gab die Frage an den Schriftgelehrten zurück. Er fragte ihn: „Was steht im Gesetz? Was liest du dort? Du kennst dich doch aus in den heiligen Schriften.“ Da antwortete der Schriftgelehrte: „Die Bibel befiehlt uns: Du sollst den Herrn, deinen Gott, lieben mit ganzem Herzen und ganzer Seele, mit all deiner Kraft und all deinen Gedanken. Und: Deinen Nächsten sollst du lieben wie dich selbst.“ Jesus antwortete ihm: „Du hast richtig geantwortet. Handle danach, und du wirst leben.“ Der Schriftgelehrte merkte, dass es an ihm selbst lag, richtig zu handeln und Gott und seinen Nächsten zu lieben. Doch er wollte Jesus weiter herausfordern und fragte ihn: „Und wer ist mein Nächster?“ Da erzählte ihm Jesus ein Gleichnis:
„Ein Mann ging von Jerusalem nach Jericho hinab und wurde von Räubern überfallen. Sie schlugen ihn nieder, plünderten ihn aus und nahmen ihm seine Kleider ab. Dann ließen sie ihn halb tot am Wegrand liegen. Zufällig kam ein Priester den gleichen Weg. Der Priester sah den Mann halb tot am Wegrand liegen, doch er wollte sich seine Hände nicht schmutzig machen. So sah er ihn nur kurz an und ging vorüber, um seine eigenen Ziele zu verfolgen. Kurze Zeit später kam ein Levit zu der Stelle. Er stammte aus Jericho und hatte in Jerusalem seinen Dienst im Tempel verrichtet. Jetzt freute er sich, wieder heimzukommen. Der Levit sah den schwer verwundeten Mann am Straßenrand liegen. Aber auch er hatte kein Mitleid und wollte möglichst bald daheim bei seiner Familie sein. Schließlich kam ein Mann aus

Samarien vorbei. Er war auf Geschäftsreise und hatte es eilig, nach Jericho zu kommen. Die Samariter waren den Juden verhasst, weil sie nicht zu ihrem Volk gehörten. Doch als der Samariter den Mann am Wegrand liegen sah, bekam er Mitleid und stieg sofort von seinem Reittier ab. Er beugte sich über ihn und sah die Wunden, die ihm die Räuber zugefügt hatten. Er nahm Öl und Wein aus seinem Gepäck. Mit dem Wein reinigte er die Wunden. Dann goss er Öl darauf, damit sie sich wieder schlossen. Schließlich nahm er den Mann auf seine Schultern und hob ihn auf sein Reittier. Vorsichtig führte er das Tier mit dem Verwundeten zur nächsten Herberge. Obwohl er eigentlich an diesem Abend schon in Jericho hatte sein wollen, übernachtete er in der Herberge und pflegte den Verletzten.
Am nächsten Morgen sagte er zum Wirt der Herberge: „Hier hast du zwei Denare. Sorge für den Verwundeten. Wenn das Geld nicht ausreicht, werde ich es dir bezahlen, wenn ich von meiner Reise zurückkomme. Ich werde auf jeden Fall wieder hier Halt machen.“ So konnte sich der Verwundete in der Herberge vom Überfall erholen. Seine Wunden heilten, und er stärkte sich durch das gute Essen, das ihm der Wirt reichte.“
Nachdem Jesus das Gleichnis vom barmherzigen Samariter erzählt hatte, fragte er den Schriftgelehrten: „Was meinst du: Wer von diesen dreien hat sich als der Nächste dessen erwiesen, der von den Räubern überfallen wurde?“ Der Schriftgelehrte antwortete: „Der, der barmherzig an ihm gehandelt hat.“ Da sagte Jesus zu ihm: „Dann geh und handle genauso.“

Jesus erweckt Lazarus

Johannes 11,1–53

Jesus war befreundet mit drei Geschwistern: Lazarus, Maria und Marta. Eines Tages wurde Lazarus krank. Seine Schwestern schickten Boten zu Jesus und ließen ihm sagen: „Herr, dein Freund ist krank." Jesus liebte die drei Geschwister, doch er ging nicht sofort mit den Boten mit, um seinen kranken Freund zu heilen. Er sagte zu seinen Jüngern: „Diese Krankheit wird nicht zum Tod führen. Gott selbst will seine Herrlichkeit an Lazarus erweisen." So blieb Jesus noch zwei Tage mit seinen Jüngern an dem Ort jenseits des Jordan, an dem er sich für einige Tage niedergelassen hatte.

Nach zwei Tagen sagte Jesus zu seinen Jüngern: „Lazarus, unser Freund schläft. Aber ich gehe jetzt hin, um ihn aufzuwecken." Doch die Jünger verstanden nicht, was Jesus sagen wollte. Sie meinten: „Wenn er schläft, dann wird er auch gesund werden. Dann brauchen wir doch nicht hinzugehen." Doch Jesus hatte vom Schlaf des Todes gesprochen. Als Jesus sah, dass seine Jünger nicht verstanden, was er meinte, erklärte er ihnen: „Lazarus ist gestorben. Jetzt wollen wir zu ihm gehen. Und ich möchte, dass ihr an mich glaubt, wenn ich zu Lazarus gehe, um ihn aufzuwecken."

Als Jesus in Betanien ankam, wo die drei Geschwister wohnten, war Lazarus schon vier Tage lang tot. Man hatte seinen Leichnam in ein Felsengrab gelegt und es mit einem schweren Stein verschlossen. Viele Freunde der Familie waren zu Marta und Maria gekommen, um mit ihnen zu trauern und ihnen beizustehen. Als Marta hörte, dass Jesus mit seinen Jüngern auf dem Weg zu ihnen war, ging sie ihnen entgegen. Maria aber blieb noch im Haus. Marta sagte zu Jesus: „Herr, wärst du hier gewesen, dann wäre mein Bruder nicht gestorben. Aber ich vertraue auf dich. Gott wird dir alles geben, worum du ihn bittest." Da entgegnete Jesus ihr: „Dein Bruder wird auferstehen." Marta dachte:

„Ja, am jüngsten Tage wird er mit allen Toten auferstehen.“ Doch Jesus sagte zu ihr: „Wer an mich glaubt, der wird leben, auch wenn er stirbt.“ Marta aber verstand nicht, was Jesus ihr damit sagen wollte. Sie ging zu ihrer Schwester, die noch im Haus geblieben war, und sagte: „Der Meister ist da. Er lässt dich rufen.“ Maria stand sofort auf und lief Jesus entgegen. Als sie ihn sah, fiel sie vor ihm auf die Knie und sagte: „Herr, wärst du hier gewesen, dann wäre mein Bruder nicht gestorben.“ Dabei weinte sie bitterlich, und auch die Menschen, die mit Maria zu Jesus gekommen waren, weinten. Da war Jesus in seinem Herzen sehr bewegt und fragte sie: „Wo habt ihr ihn bestattet?“ Die Leute antworteten voller Trauer: „Komm und sieh!“ Da musste auch Jesus weinen.
Gemeinsam mit Maria und Marta ging er zum Grab, und die anderen Leute folgten ihnen. Als sie bei der Grabhöhle angekommen waren, gab Jesus den Befehl: „Nehmt den Stein weg!“ Marta zögerte und sagte: „Herr, er liegt doch schon vier Tage im Grab!“ Jesus aber antwortete: „Wenn du glaubst, wirst du die Herrlichkeit Gottes sehen.“ Da rollten die Leute den Stein weg. Jesus aber erhob seine Augen zum Himmel und betete zu seinem Vater: „Ich weiß, dass du mich immer erhörst. So erhöre mich auch jetzt, damit die Menschen an dich glauben.“ Und er rief mit lauter Stimme ins Grab hinein: „Lazarus, komm heraus!“ Da kam der Verstorbene wirklich heraus. Seine Füße und Hände waren mit Binden umwickelt, sodass er nur langsam gehen konnte. Auch sein Gesicht war mit einem Tuch verhüllt. Jesus befahl den beiden Schwestern, ihren Bruder von den Binden zu befreien.
Alle, die dieses Wunder erlebt hatten, waren tief betroffen. Sie sagten: „So etwas haben wir noch nie erlebt. Wer ist dieser Jesus, dass er sogar Tote auferwecken kann?“ Und viele von denen, die dabei waren, fingen an, an Jesus zu glauben. Doch einige glaubten nicht. Sie gingen zu den Pharisäern und erzählten ihnen, was Jesus getan hat. Da berieten die Pharisäer, wie sie Jesus töten könnten. Denn sie hatten Angst, ihre Macht zu verlieren, wenn alle an Jesus glaubten und ihm nachfolgten.

Jesus segnet die Kinder

Matthäus 19,13–15; Markus 10,13–16; Lukas 18,15–17

Einmal brachten Mütter ihre Kinder zu Jesus. Sie baten ihn, den Kindern die Hände aufzulegen und sie zu segnen. Die Jünger aber beschimpften die Mütter und sagten: „Kümmert euch selbst um eure Kinder. Jesus hat Wichtigeres zu tun, als sich mit ihnen abzugeben. Er hat von Gott den Auftrag erhalten, den Menschen die Frohe Botschaft zu verkünden. Da stört ihr ihn nur."

Als Jesus hörte, was die Jünger zu den Müttern sagten, wurde er sehr zornig und wies sie zurecht: „Lasst die Kinder zu mir kommen! Hindert sie nicht daran. Ich will mich um sie kümmern. Denn von den Kindern könnt ihr Jünger vieles lernen. Sie sind offen für gütige Augen, die sie anschauen. Sie hören gerne zu, wenn jemand mit ihnen spricht. Sie staunen über die Schönheit der Natur. Sie staunen über die vielen kleinen Dinge des Lebens. Ich sage euch: Wenn ihr nicht werdet wie diese Kinder hier, wird Gott nie zu euch kommen. Denn nur wer offen ist wie sie, kann Gott in seinem Herzen empfangen."

Da schämten sich die Jünger, weil sie die Mütter mit ihren Kindern abgewiesen hatten.

Jesus aber nahm jedes einzelne Kind in den Arm. Dann legte er ihnen die Hände auf den Kopf und segnete sie. Er sagte: „Gott segne dich und halte seine Hand über dich. Gottes Segen begleite dich überallhin und umgebe dich wie ein schützender Mantel. Und du selbst sollst ein Segen sein für deine Familie."

Jesus und der reiche junge Mann

Matthäus 19,16–26; Markus 10,17–27; Lukas 18,18–27

Als Jesus mit seinen Jüngern weiterzog, lief ein junger Mann auf ihn zu und fiel vor ihm auf die Knie. „Guter Meister", sagte er, „was muss ich tun, um das ewige Leben zu gewinnen?" Jesus antwortete ihm: „Warum nennst du mich gut? Niemand ist gut außer Gott allein." Dann sagte er: „Du kennst doch die Gebote: Du sollst nicht töten, du sollst nicht die Ehe brechen, du sollst nicht stehlen, du sollst nichts Unwahres sagen, du sollst keinen Raub begehen. Und du sollst Vater und Mutter ehren." Da erwiderte ihm der junge Mann: „Meister, all diese Gebote habe ich von meiner Jugend an befolgt. Und auch heute noch befolge ich diese Gebote." Da blickte Jesus ihn an. Er erkannte, wie eifrig sich dieser junge Mann darum bemühte, nach Gottes Willen zu leben. Voller Liebe sagte er zu ihm: „Eines fehlt dir noch: Geh und verkaufe alles, was du hast. Gib das Geld den Armen. Dann komm und folge mir nach!" Jesus hätte den jungen Mann gerne zu seinem Jünger gemacht. Doch der junge Mann dachte an seinen großen Reichtum. Er hatte Angst, nicht mehr genug zum Leben zu haben, wenn er alles den Armen gab. Der junge Mann hatte Jesus lieb, aber er konnte sich nicht entscheiden, ihm zu folgen. So drehte er sich um und ging traurig weg.

Als der junge Mann gegangen war, wandte sich Jesus an seine Jünger. Er sagte zu ihnen: „Wie schwer ist es doch für Menschen, die viel besitzen, in das Reich Gottes zu kommen." Die Jünger waren sehr bestürzt, als sie das hörten. Sie dachten an ihren eigenen Besitz und daran, wie schwer es ihnen fallen würde, darauf zu verzichten. Doch Jesus fuhr fort: „Meine Kinder, wie schwer ist es, in das Reich Gottes zu kommen. Eher geht ein Kamel durch ein Nadelöhr, als dass ein Reicher in das Reich Gottes gelangt."

Bei diesen Worten erschraken die Jünger noch mehr. Sie sagten zueinander: „Wer kann dann noch gerettet werden?“ Doch Jesus sah sie an und sagte zu ihnen: „Für Menschen ist das unmöglich. Aber nicht für Gott. Denn für Gott ist alles möglich.“ Da fassten die Jünger wieder Vertrauen.

Jesus heilt den blinden Bartimäus

Markus 10,46–52; Lukas 18,35–43

Jesus zog mit seinen Jüngern von Jerusalem nach Jericho hinab. Er ging durch die Stadt und predigte dort den Menschen. Dann machte er sich wieder auf den Weg hinauf nach Jerusalem. Eine große Menschenmenge schloss sich ihm an, als er die Stadt verließ. An der Straße von Jericho nach Jerusalem saß ein blinder Bettler, der Bartimäus hieß. Er konnte die Menschenmenge nicht sehen, aber er hörte sie. Er fragte die Leute, die vorbeikamen: „Was ist denn los?“ Da antworteten sie ihm: „Jesus von Nazaret hat in der Stadt gepredigt. Jetzt zieht er wieder aus der Stadt hinaus, um nach Jerusalem zu gehen.“ Da schrie der blinde Bettler laut in die Menge hinein: „Jesus, hab Erbarmen mit mir!“ Als die Leute das hörten, wurden sie ärgerlich und fuhren ihn an: „Hör auf zu schreien! Jesus hat keine Zeit für dich.“ Doch Bartimäus schrie nur noch lauter: „Jesus, hab Erbarmen mit mir!“

Als Jesus ihn seinen Namen schreien hörte, blieb er stehen und sagte zu seinen Jüngern: „Ruft ihn her!“ Die Jünger wunderten sich sehr darüber. Jesus hatte es doch so eilig gehabt, aus der Stadt hinauszukommen, um noch vor Einbruch der Dunkelheit Jerusalem zu erreichen. Doch sie gingen zu Bartimäus und sagten: „Hab nur Mut und steh auf! Jesus ruft dich.“ Da warf Bartimäus seinen Mantel von sich, sprang auf und lief zu Jesus. Der sah ihn liebevoll an und fragte: „Was willst du von mir? Was soll ich für dich tun?“ Bartimäus antwortete: „Ich möchte wieder sehen können.“ Da sagte Jesus zu ihm: „Geh! Dein Glaube hat dir geholfen.“ Im selben Augenblick wurden die Augen des blinden Bettlers ganz klar, und er konnte wieder sehen. Er war überglücklich und lobte Gott, und auch die anderen Leute, die dabei waren, stimmten in sein Lob ein. Bartimäus aber folgte Jesus und wurde einer seiner Jünger.

Jesus am Jakobsbrunnen

Johannes 4,1–42

Ein anderes Mal war Jesus mit seinen Jüngern auf dem Weg von Galiläa nach Jerusalem. Dabei mussten sie Samarien durchqueren. Die Menschen, die dort wohnten, waren den Juden seit Langem verhasst, weil sie nicht so glaubten wie sie. Als die Mittagssonne vom Himmel brannte, kamen Jesus und seine Jünger nach Sychar. In der Nähe dieser Stadt befand sich der Jakobsbrunnen. Es war der Brunnen, den Jakob einst gegraben und dann seinem Sohn Josef vermacht hatte. Jesus war müde von der Wanderung. Er setzte sich auf den Rand des Brunnens, um etwas auszuruhen. Die Jünger aber schickte er in die Stadt, um etwas zu essen zu kaufen.

Als Jesus allein dort auf dem Rand des Brunnens saß, kam eine samaritische Frau. Sie wollte aus dem Brunnen Wasser schöpfen. Jesus hob seinen Blick und sagte zu ihr: „Gib mir zu trinken." Verwundert entgegnete sie ihm: „Wie kannst du als Jude mich, eine Samariterin, um Wasser bitten? Ihr sprecht doch sonst nicht mit uns." Jesus antwortete der Frau: „Wenn du wüsstest, wer ich bin, dann hättest du mich um Wasser gebeten, und ich hätte dir lebendiges Wasser gegeben." Da entgegnete die Frau: „Du hast überhaupt kein Schöpfgefäß, und der Brunnen ist tief. Wie willst du mir da lebendiges Wasser geben?" Doch Jesus sagte: „Das Wasser, dass ich dir geben will, ist anders als das Wasser im Brunnen. Wer aus dem Brunnen hier trinkt, wird wieder Durst bekommen. Wer aber von dem Wasser trinkt, das ich ihm geben werde, wird niemals wieder Durst haben, denn es wird in ihm zu einer sprudelnden Quelle werden." Da erkannte die Frau, dass er nicht von dem Wasser aus dem Brunnen sprach, sondern von einem anderen, viel wunderbareren Wasser. Und sie sagte zu ihm: „Herr, gib mir dieses Wasser, damit ich keinen Durst mehr habe. Dann muss ich nicht mehr hierherkommen, um immer wieder Wasser zu schöpfen."

Da sagte Jesus zu ihr: „Geh, ruf deinen Mann und komm wieder her!“ Die Frau antwortete: „Ich habe keinen Mann.“ Da sagte Jesus zu ihr: „Du hast richtig geantwortet. Denn du warst fünfmal verheiratet, aber der, mit dem du jetzt lebst, ist nicht dein richtiger Mann.“ Die Frau wunderte sich über die Worte Jesu. Sie spürte, dass er ihr ganzes Leben kannte und alles von ihr wusste. Da sagte sie: „Herr, ich sehe, dass du ein Prophet bist.“ Sie ließ ihren Wasserkrug stehen und lief in die Stadt, um allen von Jesus zu erzählen. Sie berichtete, was er gesagt hatte, und fragte sich selbst und die Leute: „Ist er vielleicht der Messias?“ Die Leute von Sychar wurden neugierig. Sie liefen aus der Stadt hinaus zum Jakobsbrunnen und baten Jesus und seine Jünger, eine Weile bei ihnen zu bleiben. Zwei Tage sprach Jesus zu den Leuten, und viele fanden durch ihn zum Glauben. Sie sagten zueinander: „Er ist wahrhaftig der Retter der Welt.“

Das Gleichnis vom verlorenen Schaf

Matthäus 18,12–14; Lukas 15,1–7

Die Pharisäer ärgerten sich über Jesus, weil er mit den Zöllnern und Gesetzesbrechern aß und trank. Sie empörten sich über Jesus und sagten zu ihm: „Du gibst dich mit Sündern ab und setzt dich mit ihnen an einen Tisch. Du kannst kein Prophet Gottes sein. Denn Gott will, dass wir gut leben und alle seine Gebote erfüllen." Da erzählte Jesus den Pharisäern ein Gleichnis:

„Ein Hirte hatte hundert Schafe. Er liebte seine Schafe und führte sie immer auf die beste Weide. Eines Tages entdeckte er, dass ein Schaf fehlte. Es hatte sich offensichtlich verirrt. Als sie von einer Weide zu einer anderen gezogen waren, musste es unterwegs wohl verloren gegangen sein. Der Hirte war sehr traurig, denn er liebte jedes einzelne Schaf. Er befahl seinem Schäferhund, gut auf die neunundneunzig anderen Schafe aufzupassen. Er selbst wollte das verlorene Schaf suchen. Der Hirte machte sich auf den Weg und überlegte, wohin sich das Schaf verirrt haben könnte. Zuerst ging er zum letzten Weideplatz zurück. Dann lief er in die Seitentäler hinein. Doch nirgends war das Schaf zu finden. Da hörte er auf einmal ein jämmerliches Blöken. Er wusste sofort, dass es sein Schaf war, denn er erkannte jedes Einzelne an seiner Stimme. Voller Freude ging er in die Richtung, aus der das Blöken kam. Schließlich fand er es zitternd vor Angst in einem Dornenstrauch. Es hatte sich darin verfangen und kam nicht wieder heraus. Der Hirte befreite es vorsichtig, streichelte und beruhigte es. Dann nahm er es auf seine Schultern und brachte es zur Herde zurück. Die anderen Schafe blökten laut vor Freude, als der Hirte das verlorene Schaf vor ihnen auf den Boden setzte. Sofort umringten sie es und wärmten es mit ihrem Fell. Der Hirte aber ging zum Bauern und seiner Familie und sagte zu ihnen voller Freude: ‚Seht her, ich habe das verlorene Schaf wiedergefunden.'"

Als Jesus seine Erzählung beendet hatte, fragte er die Pharisäer: „Wer von euch würde nicht so handeln wie der Hirte? Wer würde das eine verlorene Schaf nicht suchen und ihm nachgehen, bis er es gefunden hat?“ Und dann erklärte er ihnen: „Genauso ist es mit Gott. Er macht sich auf die Suche nach jedem Menschen, der sich verirrt hat und vom rechten Weg abgekommen ist. Und er freut sich mit seinen Engeln mehr über einen einzigen Sünder, der sich vom Bösen abwendet, als über neunundneunzig Gerechte, die es gar nicht nötig haben, sich zu ändern.“

Da wussten die Pharisäer nicht mehr, was sie Jesus antworten sollten. Sie spürten, dass er anders von Gott dachte als sie, die immer nur die Gebote im Blick hatten.

Das Gleichnis vom verlorenen Sohn

Lukas 15,11–32

Einmal wurde Jesus von einem Zöllner zum Essen eingeladen. Als er in das Haus eintrat, waren da schon viele andere Zöllner und Menschen, die bei den Leuten als Sünder galten. Der Zöllner begrüßte Jesus, und alle setzten sich an den Tisch. Doch bevor die Speisen aufgetragen wurden, wollte Jesus den Leuten eine Geschichte erzählen. Er sagte:

„Ein Mann besaß einen großen Bauernhof. Er hatte zwei Söhne, die beide auf dem Feld arbeiteten und für die Viehherden sorgten. Doch dem jüngeren Bruder war es daheim auf dem Hof zu langweilig. Er wollte etwas erleben und die weite Welt sehen. Deshalb sagte er zu seinem Vater: ‚Vater, gib mir mein Erbe schon jetzt. Ich will in die Welt hinaus.' Da teilte der Vater sein Vermögen zwischen den beiden Söhnen auf. Der jüngere packte seine Sachen zusammen und machte sich auf den Weg. Er besuchte all die schönen Orte, von denen er gehört hatte, und gab sein Geld mit vollen Händen aus. Er gönnte sich jedes Vergnügen, und ehe er sich's versah, war sein ganzes Vermögen aufgebraucht. Zu allem Unglück kam über das Land, in dem er gerade war, eine große Hungersnot. Als er überhaupt nichts mehr zu essen hatte, ging der junge Mann zu einem Bauern und bat ihn um Arbeit. Der Bauer schickte ihn aufs Feld zum Schweinehüten, doch einen Lohn zahlte er ihm nicht. Nur einen Platz zum Schlafen bekam er. Der junge Mann hatte so großen Hunger, dass er am liebsten die Futterschoten gegessen hätte, die die Schweine fraßen. Aber nicht einmal die durfte er sich nehmen. In seiner Not ging dem jungen Mann auf, was er getan hatte, und er bekam furchtbares Heimweh. Er dachte an seinen Vater und an die Tagelöhner, die er hatte. Denen ging es viel besser als ihm hier beim Schweinehüten. Da sagte er zu sich selbst: ‚Wie viele Tagelöhner meines Vaters haben mehr als genug zu essen. Doch ich komme hier vor Hunger um. Ich will aufbrechen und zu meinem Vater gehen und zu ihm sagen: ‚Vater, ich habe mich gegen den Himmel und gegen dich versündigt. Ich bin nicht mehr wert, dein Sohn zu sein. Mach mich zu einem deiner Tagelöhner.' Dann brach er auf und machte sich auf den Weg nach Hause.

Der Vater sah seinen Sohn schon von Weitem kommen. Voller Freude lief er ihm entgegen, fiel ihm um den Hals und küsste ihn. Da sagte der Sohn zum Vater: ‚Vater, ich habe mich gegen den Himmel und gegen dich versündigt. Ich bin es nicht mehr wert, dein Sohn zu sein.'

Doch der Vater machte ihm keine Vorwürfe. Er freute sich, dass sein Sohn wieder heimgekehrt war, und sagte zu seinen Knechten: ‚Holt schnell das beste Gewand und zieht es ihm an. Steckt ihm einen Ring an die Hand und zieht ihm neue Schuhe an.' Dann befahl er seinen Dienern: ‚Bringt das Kalb, das wir gemästet haben, und schlachtet es. Wir wollen essen und fröhlich sein. Denn mein Sohn war tot und lebt nun wieder. Er war verloren und ist wiedergefunden worden.' Der Vater lud alle im Haus zu einem fröhlichen Fest ein. Die Musiker holten ihre Instrumente hervor und spielten zum Tanz auf. Und alle tanzten fröhlich mit.

Der ältere Sohn war jedoch noch auf dem Feld. Als er heimkam und die Musik hörte, fragte er einen der Knechte, was das zu bedeuten habe. Der Knecht antwortete ihm: ‚Dein Bruder ist zurückgekommen. Und aus Freude, dass er gesund wiedergekehrt ist, hat euer Vater das Mastkalb schlachten lassen.' Da wurde der ältere Bruder zornig. Er ging nicht ins Haus hinein, sondern schimpfte vor sich hin. Der Knecht, der sich über die Rückkehr des jüngeren Sohnes gefreut hatte, wurde traurig. Er ging zu seinem Herrn und erzählte ihm davon. Da ging der Vater hinaus und redete dem älteren Sohn gut zu. Doch der erwiderte ihm: ‚So viele Jahre schon diene ich dir, und nie habe ich gegen deinen Willen gehandelt. Ich habe dir immer gehorcht und alles getan, was du mir aufgetragen hast. Mir aber hast du nie einen Ziegenbock geschenkt, damit ich mit meinen Freunden ein Fest feiern konnte. Kaum aber ist dein Sohn, der dein Vermögen verschwendet hat, zurückgekehrt, schon feierst du mit ihm ein Fest. Ich dagegen habe dein Vermögen vermehrt, aber mich behandelst du nicht so freundlich.' Da wurde der Vater traurig, weil sein älterer Sohn so grimmig war. Voller Zärtlichkeit sagte er zu ihm: ‚Mein Kind, du bist immer bei mir. Und alles, was mein ist, gehört auch dir. Aber jetzt müssen wir uns doch freuen und ein Fest feiern. Denn dein Bruder war tot und jetzt lebt er wieder. Er war verloren, aber jetzt haben wir ihn wieder.'"

Als Jesus seine Erzählung beendet hatte, spürten die Zöllner und Sünder, dass er von ihnen gesprochen hatte. Und sie waren sehr bewegt von seiner Geschichte. Gemeinsam mit Jesus feierten sie ein fröhliches Fest. Denn sie wussten: „Er macht uns keine Vorwürfe, weil wir vom rechten Weg abgekommen sind, sondern freut sich, dass wir unser Herz wieder Gott zugewandt haben."

Das Gleichnis von den Talenten

Matthäus 25,14–29; Lukas 19,11–26

Ein anderes Mal erzählte Jesus seinen Jüngern das Gleichnis von den Talenten. Das Wort Talent hat dabei eine andere Bedeutung, als wir sie kennen. Für uns ist ein Talent eine ganz besondere Begabung, die jemand hat. Zur Zeit Jesu wurde das Wort aber auch dazu benutzt, eine bestimmte Menge von etwas festzulegen. Ein Talent Silbermünzen zum Beispiel war ein großer Beutel voller Geld. Und darum geht es auch in dem Gleichnis:

„Ein reicher Mann wollte eine große Reise machen. Er wusste nicht, wann er zurückkommen würde. So rief er seine drei Diener zusammen und vertraute jedem einen größeren Geldbetrag an. Er wählte die Höhe des Geldbetrages nach den Fähigkeiten, die jeder Diener hatte. Dem einen vertraute er fünf Talente Silbermünzen an, dem zweiten gab er zwei Talente und dem dritten nur eines, denn er dachte, dieser sei mit mehr Geld überfordert. Dann machte sich der Mann auf den Weg. Der erste Diener, der fünf Talente erhalten hatte, begann sofort, damit zu arbeiten. Er stellte Leute ein, kaufte Felder und verkaufte das, was er geerntet hatte. Bald hatte er sein Geld verdoppelt. Ebenso tat es der zweite Diener, der zwei Talente erhalten hatte. Der dritte Diener aber dachte: ‚Ich darf keinen Fehler machen. Es darf nichts schiefgehen. Mein Herr ist sehr streng. Wenn nach seiner Rückkehr etwas von dem Geld fehlt, wird er mich sicher bestrafen.' Deshalb ging er in seinen Garten und vergrub das Geld an einer sicheren Stelle, wo es niemand finden würde.

Nach langer Zeit kehrte ihr Herr von seiner Weltreise zurück. Er ließ seine Diener kommen und wollte von ihnen wissen, was sie mit seinem Geld getan hatten. Der erste Diener erzählte ihm freudestrahlend, dass er zu den fünf Talenten fünf weitere hinzugewonnen habe. Der Herr lobte ihn und sagte: ‚Du bist wirklich ein tüchtiger und treuer Diener.

Du bist im Kleinen ein guter Verwalter gewesen. Deshalb will ich dir nun etwas Größeres anvertrauen. Ich will dich zu meinem Stellvertreter machen. Aber zuerst wollen wir gemeinsam ein Fest feiern.'
Da kam der zweite Diener und sagte zu seinem Herrn: ,Zwei Talente hast du mir gegeben. Sieh her, ich habe noch zwei dazugewonnen.' Da freute sich sein Herr und sagte: ,Sehr gut, du bist wirklich ein tüchtiger und treuer Diener. Weil du mein Vermögen so gut verwaltet hast, will ich auch dir eine größere Aufgabe übertragen. Doch zuvor lade ich zum Fest ein, das wir aus Freude über meine gesunde Rückkehr und über eure gute Verwaltung gemeinsam feiern.'
Dann kam der dritte Diener, der den einen Beutel erhalten hatte. Er sagte zu seinem Herrn: ,Herr, ich wusste, dass du ein strenger Mann bist. Weil ich Angst vor dir hatte, habe ich mein Talent vergraben. Hier hast du es wieder.' Da sagte sein Herr zu ihm: „Du bist ein schlechter und fauler Diener. Aus lauter Angst hast du gar nichts gemacht. Doch wer keinen Fehler machen will, der macht alles verkehrt. Du hättest mein Geld zumindest zur Bank bringen können, dann hätte es Zinsen eingebracht.' Und er befahl, dem dritten Diener das Geld wegzunehmen und es dem zu geben, der schon zehn Talente hatte. Alle wunderten sich darüber, doch der Herr begründete seinen Befehl: ,Wer in seinem Leben etwas wagt, der gewinnt. Wer aber aus lauter Angst nichts tut, der verliert alles und steht am Ende mit leeren Händen da.'"

Das Gleichnis von der Witwe und dem Richter

Lukas 18,1–8

Als Jesus mit seinen Jüngern einmal von der kommenden Zeit sprach, schärfte er ihnen ein, niemals mit dem Beten aufzuhören. Und er erzählte ihnen ein Gleichnis, um ihnen Mut zu machen:
„In einer Stadt lebte ein gottloser Richter, der seine Aufgabe, den Menschen zu ihrem Recht zu verhelfen, nicht erfüllte. Er war nur auf seinen Vorteil bedacht und urteilte, wie es ihm gerade in den Sinn kam. Um Gott und seine Gebote kümmerte er sich überhaupt nicht. In derselben Stadt lebte auch eine Witwe. Ihr Mann war gestorben, und nun war sie ganz auf sich allein gestellt. Damals konnten Frauen nicht arbeiten gehen, um Geld zu verdienen. So musste die Witwe von dem leben, was ihr Mann ihr hinterlassen hatte. Und dieses Wenige versuchten nun die Verwandten ihres verstorbenen Mannes ihr auch noch wegzunehmen. Die Witwe ging zum Richter und schilderte ihm den Fall. Sie hoffte, dass der Richter ihr zu ihrem Recht verhelfen würde. Davon hing ihr Überleben ab. Doch der Richter hatte keine Lust, ihr zu helfen. Die Witwe war ihm lästig.
Doch sie hörte nicht auf, um ihr Recht zu kämpfen. Immer wieder kam sie zum Richter und sagte: ‚Du musst mir Recht verschaffen. Bitte hilf mir!' Der Richter wollte nicht auf die Witwe hören. Doch als sie nicht lockerließ und jeden Tag von Neuem zu ihm kam, sagte er sich: ‚Diese Witwe ist mir völlig gleichgültig. Ich habe keine Lust, ihr zu helfen. Und Gott geht mich auch nichts an. Aber sie ist so hartnäckig. Vielleicht kommt sie eines Tages und schlägt mir ins Gesicht. Ich will dieser Witwe Recht verschaffen, damit sie endlich Ruhe gibt.'"
An dieser Stelle endete Jesus seine Erzählung. Er sagte zu seinen Jüngern: „Wenn schon dieser ungerechte Richter der Witwe Recht verschafft, wie viel mehr wird Gott denen Recht verschaffen, die zu ihm beten?"

Jesus heilt einen Gehörlosen

Markus 7,31–37

Einmal brachten Leute einen Gehörlosen zu Jesus. Er konnte weder sprechen noch hören. Er konnte sich mit niemandem unterhalten und wusste nicht, ob die Leute ihm wohlgesonnen waren oder ihm feindselig gegenüberstanden, denn er konnte ja ihre Stimmen nicht hören. So hatte er sich immer mehr in sich selbst zurückgezogen, und es ging ihm gar nicht gut. Die Leute baten Jesus, den Gehörlosen zu berühren. Sie hofften, dass es ihm dadurch besser gehe. Vielleicht konnte Jesus ihn sogar heilen!

Jesus nahm den gehörlosen Mann und ging mit ihm weg. Er wollte mit ihm allein sein und brauchte keine Zuschauer. Zuerst legte er ihm zärtlich seine Finger in die Ohren. Dann nahm er etwas Speichel und berührte damit die Zunge des stummen Mannes. Schließlich blickte Jesus auf zum Himmel und seufzte laut auf und sagte: „Effata!" Das heißt: „Öffne dich!" Sogleich öffneten sich die Ohren des Kranken, und seine Zunge wurde von ihrer Fessel befreit. Auf einmal konnte der Gehörlose richtig sprechen. Er freute sich so, seine eigene Stimme zu hören, dass er gar nicht mehr aufhören wollte zu sprechen. Es sprudelte nur so aus ihm heraus, und er dankte Jesus für dieses Wunder.

Jesus führte den Mann, der nun richtig hören und sprechen konnte, zu den Menschen zurück, die ihn gebracht hatten. Und der Geheilte erzählte ihnen freudestrahlend, dass Jesus ihn gesund gemacht hatte. Da staunten alle und priesen Gott und Jesus, der im Namen Gottes handelte. Sie sagten: „Er hat alles gut gemacht. Er lässt die Tauben hören und die Stummen sprechen."

Jesus besucht Zachäus

Lukas 19,1–10

Wieder einmal zog Jesus mit seinen Jüngern von Jerusalem nach Jericho hinab. Sie gingen durch die Stadt, und eine große Menschenmenge begleitete sie. Alle wollten Jesus sehen und seine Worte hören. Manche hofften, dass er sie von ihren Krankheiten heilen würde. In Jericho lebte ein Mann, der Zachäus hieß. Er war ziemlich klein, deshalb war es ihm wichtig, in seinem Beruf erfolgreich zu sein. Er hatte es bis zum Oberzöllner gebracht, und so konnte er trotz seiner kleinen Größe auf seine Angestellten hinunterschauen. Und weil er von den Leuten immer mehr Zoll verlangte, als sie eigentlich zahlen mussten, war er sehr reich geworden. Die Menschen in der Stadt aber verachteten ihn, weil er für die Römer arbeitete. Zachäus hatte schon viel von Jesus gehört. Man hatte ihm erzählt, dass Jesus sogar mit Zöllnern zu Tisch saß! Als nun die Leute, die an seinem Zollhaus vorbeikamen, einander zuriefen, dass Jesus in der Stadt sei, wollte er ihn mit eigenen Augen sehen. Doch die Menschenmenge auf der Straße versperrte ihm die Sicht. Zachäus war zu klein, um über die Köpfe der anderen hinwegzublicken. Da hatte er eine Idee. Er stieg auf einen Maulbeerfeigenbaum, der eine dichte Blätterkrone hatte. So konnte er sich im Baum verstecken und von dort aus Jesus beobachten. Gespannt wartete er.

Als Jesus kam, ging er direkt auf den Baum zu. Obwohl die Blätter Zachäus verdeckten, hatte Jesus ihn sofort entdeckt. Vor dem Maulbeerfeigenbaum blieb er stehen und blickte hinauf zu Zachäus. Dann sagte er: „Zachäus, komm schnell herunter! Denn ich will heute in deinem Haus zu Gast sein.“ Zachäus wunderte sich, dass Jesus seinen Namen kannte. Und noch mehr staunte er darüber, dass Jesus, der von allen als Prophet angesehen wurde, bei ihm zu Gast sein wollte. Die frommen Juden hatten ihn doch immer gemieden und als Sünder beschimpft. Voller Freude stieg Zachäus vom Baum hinunter und führte

Jesus in sein Haus. Doch die Leute, die das sahen, empörten sich über Jesus und sagten voller Entrüstung: „Bei einem Sünder ist Jesus eingekehrt. Das kann doch nicht Gottes Wille sein.“ Zachäus merkte, dass die Leute schlecht über ihn und Jesus redeten. Da wandte er sich zu Jesus und sagte: „Herr, die Hälfte meines Vermögens will ich den Armen geben. Und wenn ich von jemandem zu viel Zoll verlangt habe, werde ich es ihm vierfach zurückzahlen.“ Zachäus freute sich so über das Vertrauen, das Jesus in ihn gesetzt hatte, dass ihm sein Reichtum auf einmal nichts mehr bedeutete. Und all die Frommen, die ihn vorher verurteilt hatten, schämten sich. Zachäus, der Oberzöllner, hatte sich großzügiger und gerechter als alle anderen erwiesen. Jesus aber sagte zu Zachäus: „Heute ist deinem Haus Heil geschenkt worden. Denn von heute an gehörst auch du zu Gott. Um Menschen wie dich zu retten, bin ich gekommen.“ Und alle Gäste im Haus freuten sich über Jesu Worte.

Jesus in Betanien

Johannes 12,1–8; (Matthäus 26,1–13; Markus 14,3–9)

Als das Paschafest bevorstand, machte sich Jesus mit seinen Jüngern auf den Weg nach Jerusalem. Er wusste, dass es dort für ihn gefährlich werden konnte. Denn aus Angst, dass er ihnen ihre Macht über das Volk nehmen könnte, hatten einige Pharisäer und Hohepriester beschlossen, Jesus zu töten. Trotzdem wollte Jesus nach Jerusalem, um den Menschen die Frohe Botschaft von Gott zu verkünden.

Sechs Tage vor dem Paschafest kamen Jesus und seine Jünger nach Betanien. Sie kehrten wieder in dem Haus ein, in dem die drei befreundeten Geschwister lebten: Marta, Maria und Lazarus, den er von den Toten auferweckt hatte. Während alle zu Tisch saßen, nahm Maria ein Gefäß mit kostbarem Nardenöl. Sie kniete vor Jesus nieder und salbte mit dem Öl seine Füße. Dann trocknete sie die Füße mit ihrem Haar. Das Nardenöl roch wunderbar. Das ganze Haus wurde erfüllt von seinem lieblichen Duft.

Als Judas Iskariot, einer der Jünger, sah, was Maria da tat, wurde er ärgerlich. Er sagte: „Warum verschwendest du das kostbare Öl? Es hätte doch auch Wasser gereicht, um Jesu Füße zu waschen. Das kostbare Öl hätte man für dreihundert Denare verkaufen können, um das Geld den Armen zu geben. Das wäre eine gute Tat gewesen.“ Doch Judas Iskariot hatte selbst kein Herz für die Armen. Er verwaltete das Geld der Jünger und hatte oft genug etwas aus der Kasse genommen, um es für seine eigenen Zwecke zu verwenden. Deshalb hätte er selbst gern die dreihundert Denare gehabt. Einige der anderen Jünger aber schlossen sich seiner Meinung an und schimpften über Maria.

Doch Jesus sagte zu ihnen: „Lasst doch die Frau in Ruhe. Sie hat ein gutes Werk an mir getan. Die Armen habt ihr immer bei euch. Mich aber habt ihr bald nicht mehr bei euch. Maria hat das Öl über mich gegossen, um meinen Leib für das Begräbnis zu salben." Denn Jesus wusste, dass er bald sterben würde. Und er sagte zu seinen Jüngern: „Amen, das sage ich euch: Überall auf der Welt, wo die Frohe Botschaft verkündet wird, wird man sich an diese Frau erinnern und erzählen, was sie getan hat."

Die Jünger, die so vorlaut über die Verschwendung des Öls geschimpft hatten, wurden ganz kleinlaut. Sie spürten, dass Maria als Einzige erkannt hatte, was Jesus bevorstand. Sie hatte das Öl nicht verschwendet, sondern ihm ihre große Liebe gezeigt.

Jesus zieht in Jerusalem ein

Matthäus 21,1–11; Markus 11,1–10; Lukas 19,28–44; Johannes 12,12–19

Nachdem Maria ihn gesalbt hatte, war Jesus bereit, in Jerusalem einzuziehen. Für ihn war das ein feierlicher Augenblick, denn Jerusalem war die heilige Stadt. Dort würde er den Tod finden, aber auch wieder auferstehen. Als sie den Ölberg vor den Toren der Stadt erreichten, schickte er zwei seiner Jünger voraus und trug ihnen auf: „Geht in das Dorf, das vor uns liegt. Wenn ihr hineinkommt, werdet ihr einen jungen Esel angebunden finden, auf dem noch nie ein Mensch gesessen hat. Bindet ihn los und bringt ihn her. Wenn euch jemand fragt: ‚Warum bindet ihr den Esel los?', dann antwortet: ‚Der Herr braucht ihn.' Dann wird er ihn euch geben." Die beiden Jünger machten sich auf den Weg. Sie fanden im Dorf alles so vor, wie Jesus es ihnen vorausgesagt hatte. Als sie den jungen Esel losbanden, fragten die Leute, denen das Tier gehörte: „Warum bindet ihr den Esel los?" Sie antworteten: „Der Herr braucht ihn." Da waren die Leute zufrieden. Die Jünger führten den Esel zu Jesus. Sie legten ihre Kleider auf seinen Rücken und halfen Jesus hinauf. Dann ritt Jesus los. Als sie in die Nähe der Stadt kamen, schlossen sich viele Menschen dem Zug an. Manche zogen ihre Mäntel aus und legten sie vor Jesus auf die Straße. Andere schnitten Zweige von den Bäumen und streuten sie auf den Weg. Die Jünger und die vielen Leute, die Jesus begleiteten, riefen: „Hosanna! Gesegnet sei er, der da kommt im Namen des Herrn. Hosanna in der Höhe!" Und die Jünger freuten sich über den feierlichen Einzug Jesu. Mit lauter Stimme lobten sie Gott für all die Wunder, die Jesus an ihnen getan hatte. Und sie erinnerten sich an die Worte, die sie in den alten Schriften der Propheten gelesen hatten: „Freue dich sehr, Jerusalem! Siehe, dein König kommt zu dir. Er ist friedfertig und reitet auf einer Eselin, einem Fohlen, dem Jungen eines Lasttiers."

Als Jesus in Jerusalem einzog, geriet die ganze Stadt in Aufruhr. Die Leute fragten die Jünger und die Begleiter Jesu: „Wer ist das?“ Und sie antworteten: „Das ist der Prophet Jesus aus Nazaret in Galiläa.“ Die Pharisäer aber ärgerten sich über den Triumphzug Jesu. Sie riefen Jesus aus der Menge zu: „Meister, bring deine Jünger zum Schweigen!“ Doch Jesus erwiderte ihnen: „Ich sage euch: Wenn sie schweigen, werden die Steine schreien.“
Nachdem Jesus in die Stadt geritten war, stieg er vom Esel ab. Er schaute sich in der Stadt um und sah den Tempel auf dem Tempelberg. Da musste er weinen. Er sagte: „Wie traurig, dass diese schöne und heilige Stadt nicht erkannt hat, was ihr wirklich Frieden bringt. Es tut mir weh, dass sie sich meiner Botschaft verschlossen hat. Es wird die Zeit kommen, in der die Feinde Jerusalems die Stadt zerstören und keinen Stein auf dem anderen lassen werden. Denn sie hat ihre Chance versäumt.“ Auch die Jünger wurden sehr traurig, als sie an die Zukunft Jerusalems dachten.

Jesus vertreibt die Händler aus dem Tempel

Matthäus 21,12–13; 26,14–16; Markus 11,15–19; 14,10–11; Lukas 19,45–48; 22,3–6

Am Tag nach seinem Einzug in Jerusalem ging Jesus zum Tempel hinauf, um zu beten. Doch was er dort sah, gefiel ihm gar nicht: Im Tempel ging es zu wie in einer Markthalle. Überall hatten Händler ihre Tische aufgebaut, sie verkauften Opfertiere und wechselten Geld. Da wurde Jesus sehr wütend. Er schüttete das Geld der Wechsler auf den Boden und stieß ihre Tische um. Die Händler trieb er mitsamt ihren Tieren aus dem Tempel hinaus. Er rief: „Gott hat gesagt: Mein Haus soll ein Haus des Gebets sein. Ihr aber macht daraus eine Räuberhöhle."

Die Händler und Geldwechsler protestierten gegen ihre Vertreibung, doch sie kamen nicht gegen Jesus an. Voller Wut verließen sie den Tempel und überlegten, wie sie es Jesus heimzahlen konnten. Sie gingen zu den Hohepriestern und klagten ihn dort an. Die Hohepriester berieten untereinander, wie sie Jesus noch vor dem Paschafest beseitigen könnten. Denn mit der Vertreibung der Händler hatte er ihnen ihre Einnahmequelle im Tempel genommen.

Da kam Judas, einer der Jünger, zu ihnen und fragte: „Was wollt ihr mir geben, wenn ich euch Jesus ausliefere?" Sie sagten: „Wir zahlen dir dreißig Silberlinge, wenn du Jesus an uns verrätst." Judas willigte ein, und sie gaben ihm die dreißig Silberlinge. Von da an suchte Judas nach einer Gelegenheit, Jesus an die Hohepriester auszuliefern.

Das letzte Mahl wird vorbereitet

Matthäus 26,17–19; Markus 14,12–16; Lukas 22,7–13; Johannes 13,1–17

Wie alle frommen Juden wollte Jesus mit seinen Jüngern das Paschamahl halten. Es war ein besonders festliches Mahl, bei dem sich die Juden an ihren Auszug aus Ägypten erinnerten. Die Jünger fragten Jesus: „Wo sollen wir das Paschamahl vorbereiten?“ Da schickte er zwei von ihnen in die Stadt und sagte ihnen: „Wenn ihr in die Stadt kommt, wird euch ein Mann begegnen, der einen Wasserkrug auf seinem Kopf trägt. Folgt ihm in das Haus, in das er hineingeht. Und dann sagt zum Herrn des Hauses: ‚Der Meister lässt dich fragen: In welchem Raum kann ich mit meinen Jüngern das Paschalamm essen?‘ Der Hausherr wird euch einen Raum im Obergeschoss zeigen. Dieser Raum ist groß genug für uns alle und er wird mit Polstern ausgelegt sein. Dort bereitet alles vor, was zum Mahl nötig ist.“ Die beiden Jünger fanden alles so vor, wie es Jesus ihnen vorausgesagt hatte, und fingen an, das Paschamahl vorzubereiten.

Am Abend kam Jesus mit den anderen Jüngern zu dem Haus. Alle setzten sich an den Tisch und warteten darauf, dass ihnen ein Diener die staubigen Füße wusch, so wie es üblich war. Doch dann erhob sich Jesus selbst, zog seinen Mantel aus und band sich ein Leinentuch um. Dann goss er Wasser in eine Schüssel und fing an, den Jüngern die Füße zu waschen. Mit dem Leinentuch rieb er sie wieder trocken. Als Petrus an der Reihe war, sagte er entsetzt: „Herr, du willst mir die Füße waschen? Niemals lasse ich das zu.“ Aber Jesus entgegnete ihm: „Du verstehst jetzt noch nicht, was ich tue, aber später wirst du es begreifen. Wenn ich dich nicht wasche, gehörst du nicht ganz zu mir.“ Da

bat Petrus: „Herr, dann wasche mir nicht nur die Füße, sondern auch die Hände und den Kopf." Doch Jesus antwortete: „Es reicht, wenn ich dir die Füße wasche, mehr ist nicht nötig."
Als Jesus allen die Füße gewaschen, seinen Mantel wieder angezogen und sich an den Tisch gesetzt hatte, sagte er zu den Jüngern: „Versteht ihr, was ich gerade getan habe? Ihr nennt mich Herr und Meister, aber ich habe euch wie ein Diener die Füße gewaschen. Genauso sollt ihr handeln und einander Diener sein."

Das letzte Abendmahl

Matthäus 26,20–35; Markus 14,17–31; Lukas 22,14–34

Als die Stunde für das Mahl gekommen war und alle am Tisch saßen, sagte Jesus zu seinen Jüngern: „Amen, amen, ich sage euch: Einer von euch wird mich verraten." Die Jünger waren erschüttert und schauten sich ratlos an. Da fragte Johannes: „Herr, wer von uns ist es?" Und Jesus antwortete: „Der ist es, dem ich diesen Bissen Brot hier geben werde." Dann tauchte Jesus ein Stück Brot in den Wein, gab es Judas und sagte: „Was du tun willst, das tu bald!" Da sprang Judas auf und lief hinaus in die dunkle Nacht. Die anderen Jünger aber verstanden nicht, was Jesus meinte. Sie dachten, er habe Judas aufgetragen, noch etwas für das Fest zu kaufen oder den Armen Geld zu geben.

Während des Mahls nahm Jesus das Brot, sprach das Segensgebet, brach das Brot, gab es den Jüngern und sprach: „Nehmt und esst! Das

ist mein Leib.“ Dann nahm er den Kelch, sprach das Dankgebet, gab ihn den Jüngern und sprach: „Nehmt und trinkt alle daraus! Das ist mein Blut, das für viele vergossen wird zur Vergebung der Sünden. Von nun an werde ich keinen Wein mehr trinken bis zu dem Tag, an dem ich mit euch im Himmelreich davon trinken werde.“

Nachdem sie den Lobgesang gesungen hatten, gingen Jesus und seine Jünger hinaus in die Nacht. Sie wollten zum Ölberg vor den Toren der Stadt, auf den sich Jesus oft zum Beten zurückgezogen hatte. Unterwegs wandte sich Jesus an die Jünger und sagte: „Heute Nacht werdet ihr mich alle verlassen. Wie die Schafe werdet ihr auseinanderlaufen und umherirren. Doch wenn ich auferstanden bin, werde ich euch wieder zusammenbringen.“ Da rief Petrus: „Herr, auch wenn alle dich verlassen, ich werde dich niemals verlassen!“ Doch Jesus schüttelte traurig den Kopf und antwortete: „Nein, auch du. Ich sage dir: In dieser Nacht, noch bevor der Hahn kräht, wirst du mich dreimal verleugnen.“ Petrus aber erwiderte: „Und wenn ich sterben müsste, ich würde dich niemals verleugnen.“ Das Gleiche sagten auch alle anderen Jünger.

Im Garten Getsemani

Matthäus 26,36–56; Markus 14,32–52; Lukas 22,39–53

Als sie am Ölberg angekommen waren, gingen Jesus und seine Jünger zu einem Garten, den man Getsemani nannte. Dort sagte Jesus zu ihnen: „Setzt euch und wartet hier, während ich bete." Er nahm nur Petrus, Johannes und Jakobus mit in den Garten. Als sie ein Stück gegangen waren, überfiel Jesus eine große Angst und eine tiefe Traurigkeit. Er sagte zu den drei Jüngern: „Meine Seele ist zu Tode betrübt. Bleibt hier und wacht mit mir!" Dann ging er weiter in den Garten hinein, um allein zu beten. Er warf sich auf den Boden und sprach zu seinem Vater im Himmel: „Mein Vater, wenn es möglich ist, lass dieses Leiden an mir vorübergehen. Aber nicht wie ich will, sondern wie du es willst, soll es geschehen." Dann stand Jesus auf und ging zurück zu den drei Jüngern. Doch sie waren eingeschlafen. Da sagte Jesus zu Petrus: „Konntet ihr nicht einmal eine Stunde mit mir wachen? Wacht und betet. Sonst werdet ihr in Versuchung geraten."

Dann ging Jesus ein zweites Mal weg, um allein zu beten. Er sprach: „Mein Vater, wenn dieses Leiden nicht an mir vorübergehen kann, so geschehe dein Wille." Dann kehrte er wieder zurück zu den drei Jüngern, und wieder waren sie eingeschlafen. Sie hatten versucht, wach zu bleiben, doch ihnen waren die Augen zugefallen. Da ging Jesus zum dritten Mal weg und betete. Als er zu den Jüngern zurückkam, schliefen sie noch immer. Da sagte Jesus zu ihnen: „Steht auf, wir wollen gehen! Die Stunde ist gekommen. Jetzt werde ich den Sündern ausgeliefert. Seht, Judas, der mich an die Hohepriester verraten hat, ist schon da."

Und noch während Jesus redete, stürmte Judas ihnen mit einer Schar bewaffneter Soldaten entgegen. Wie er es mit den Männern vereinbart hatte, ging er zu Jesus und gab ihm einen Kuss. So wussten sie, wen sie ergreifen mussten. Sie traten zu Jesus und nahmen ihn fest. Da zog einer der Jünger sein Schwert und schlug einem Soldaten ein Ohr ab. Doch Jesus sagte: „Steck dein Schwert zurück an seinen Platz. Weißt du denn nicht, dass mein Vater im Himmel mir Engel schicken könnte, um mich zu retten? Doch was geschehen muss, muss geschehen.“ Dann wandte er sich an die Soldaten und sagte: „Mit Knüppeln und Schwertern kommt ihr zu mir, um mich zu verhaften wie einen Räuber. Warum habt ihr mich nicht verhaftet, als ich im Tempel saß und lehrte?“ Die Jünger aber bekamen große Angst. Und wie Jesus es vorhergesagt hatte, verließen ihn alle und flohen.

Petrus verleugnet Jesus

Matthäus 26,57–75; Markus 14,53–72; Lukas 22,54–71

Die Soldaten führten Jesus zum Haus des Hohepriesters Kajaphas. Petrus und Johannes folgten ihnen heimlich, denn sie wollten wissen, was mit ihrem Herrn geschah. Johannes kannte die Diener des Hohepriesters, und so konnte er mit Jesus in den Hof gelangen. Petrus aber musste draußen bleiben. Da sprach Johannes mit der Pförtnerin, und sie erlaubte auch Petrus, den Hof zu betreten. Doch als er durch die Pforte kam, fragte sie ihn: „Bist du nicht einer von Jesu Jüngern?" Da antwortete Petrus: „Nein, das bin ich nicht."

Weil es sehr kalt war in dieser Nacht, hatten die Diener des Hohepriesters im Hof ein Kohlenfeuer angezündet. Sie standen um das Feuer herum und wärmten sich. Als Petrus sich zu ihnen stellte, fragte einer der Diener: „Bist du nicht auch einer von Jesu Jüngern?" Doch Petrus stritt es wieder ab und sagte: „Nein, ich kenne diesen Menschen nicht." Kurz darauf sagten andere Diener zu Petrus: „Doch, auch du gehörst zu diesem Jesus! Deine Sprache verrät dich. Du sprichst wie er." Da fing Petrus an zu fluchen und schwor: „Ich kenne diesen Menschen nicht!" Kaum hatte er das gesagt, krähte der Hahn. Jetzt erinnerte sich Petrus an die Worte, die Jesus zu ihm gesagt hatte: „Ehe der Hahn kräht, wirst du mich dreimal verleugnen." Da ging Petrus aus dem Hof und weinte bitterlich.

Währenddessen wurde Jesus im Haus des Kajaphas verhört. Alle Hohepriester, Schriftgelehrten und Ältesten waren zusammengekommen, um ein Urteil über Jesus zu sprechen. Viele Zeugen wurden befragt, doch was sie auch gegen Jesus vorbrachten, es war alles nicht wahr. Sie fanden einfach keinen Grund, ihn zum Tode zu verurteilen. Da erhob sich Kajaphas und fragte Jesus: „Warum verteidigst du dich nicht gegen das, was die Leute dir vorwerfen?" Doch Jesus schwieg und antwortete nicht. Schließlich sagte Kajaphas: „Ich beschwöre dich bei Gott: Sag uns, bist du der Messias, der Sohn Gottes?“ Da antwortete Jesus: „Du sagst es.“ Als er das hörte, zerriss Kajaphas sein Gewand und rief: „Er hat Gott gelästert! Was brauchen wir da noch Zeugen? Niemand darf behaupten, Gottes Sohn zu sein!“ Dann wandte er sich an die Versammelten und sagte: „Ihr habt gehört, was er gesagt hat! Wie lautet euer Urteil?“ Da riefen alle laut: „Er muss sterben!“ Und sie schlugen Jesus und spuckten ihm ins Gesicht.

Jesus vor Pontius Pilatus

Matthäus 27,1–2.11–26; Markus 15,1–15; Lukas 23,1–5.13–25; Johannes 18,28–19,16a

Als es Morgen wurde, brachten die Hohepriester Jesus zu Pilatus, den römischen Statthalter. Denn nur er hatte vom Kaiser in Rom die Erlaubnis, ein Todesurteil auszusprechen und zu vollstrecken. Pilatus fragte die Hohepriester: „Welche Anklage erhebt ihr gegen diesen Menschen?“ Sie antworteten: „Wenn er kein Verbrecher wäre, hätten wir ihn nicht zu dir gebracht.“ Pilatus ärgerte sich über diese Aussage und sagte zu ihnen: „Dann nehmt ihr ihn doch und richtet ihn nach eurem Gesetz. Doch lasst mich damit in Ruhe.“ Die Hohepriester aber antworteten: „Uns Juden ist es nicht erlaubt, jemanden hinzurichten.“

Da nahm Pilatus Jesus mit in seinen Palast, um allein mit ihm zu sprechen. Er fragte ihn: „Bist du der Messias? Bist du der König der Juden?“ Jesus antwortete: „Ja, ich bin ein König. Aber mein Königreich ist nicht von dieser Welt. Ich herrsche nicht über die Menschen wie du. Meine Herrschaft besteht darin, den Menschen die Wahrheit zu verkünden.“ Da fragte Pilatus: „Und was ist die Wahrheit?“ Doch Jesus antwortete nicht.

Pilatus war beeindruckt von Jesus, der sich von ihm keine Angst einjagen ließ. So ging er hinaus und sagte zu den Juden: „Ich finde keinen Grund, ihn zu verurteilen. Aber es gibt ja den Brauch, am Paschafest einen Gefangenen freizulassen. Wollt ihr, dass ich euch den König der Juden freilasse?“ Doch die Juden wollten, dass Jesus am Kreuz hingerichtet wurde. Da erinnerten sie sich, dass es einen anderen Gefangenen gab, der Barrabas hieß. Barrabas war ein Mörder, der einige Römer umgebracht hatte. So schrien die Schriftgelehrten und Anhänger des Hohepriesters: „Nein, nicht Jesus. Lass Barrabas frei!“ Da blieb Pilatus nichts anderes übrig, als Barrabas freizulassen.

Doch Pilatus scheute sich noch immer, das Todesurteil über Jesus zu sprechen. Um die Juden zu beschwichtigen, nahm er Jesus und ließ ihn auspeitschen. Die Soldaten flochten einen Kranz aus Dornen und setzten ihn Jesus auf den Kopf. Dann legten sie ihm einen Purpurmantel um die Schultern, verspotteten Jesus und schlugen ihm ins Gesicht. Schließlich brachte Pilatus den blutüberströmten Jesus nach draußen zu den wartenden Juden. Er sagte zu ihnen: „Seht ihn euch an! Ich finde keinen Grund, ihn zu verurteilen." Aber die Hohepriester und ihre Anhänger hatten kein Mitleid. Sie schrien immer lauter: „Ans Kreuz mit ihm! Ans Kreuz mit ihm!" Da sagte Pilatus noch einmal: „Ich finde keinen Grund, ihn zu verurteilen." Doch die Juden antworteten ihm: „Wir haben ein Gesetz. Und nach diesem Gesetz muss er sterben, weil er sich als Sohn Gottes ausgegeben hat."

Da ging Pilatus ein zweites Mal mit Jesus in seinen Palast und versuchte, mit ihm zu reden. Doch Jesus gab ihm keine Antwort. Da sagte Pilatus zu ihm: „Warum sprichst du nicht mit mir? Weißt du denn nicht, dass ich die Macht habe, dich freizulassen, und die Macht, dich zu kreuzigen?" Aber Jesus antwortete ihm: „Du hättest keine Macht über mich, wenn sie dir nicht von Gott gegeben wäre." Daraufhin wollte Pilatus ihn freilassen. Denn er spürte, dass es ein großes Unrecht war, Jesus kreuzigen zu lassen.

Doch als Pilatus zu den Juden hinauskam, schrien sie ihm zu: „Wenn du ihn freilässt, bist du kein Freund des Kaisers. Denn jeder, der sich selbst zum König macht, lehnt sich gegen den Kaiser auf." Als er diese Worte hörte, bekam Pilatus solche Angst, dass er nicht mehr länger zögerte und den Befehl gab, Jesus ans Kreuz zu schlagen.

Jesus wird gekreuzigt

Matthäus 27,31b–56; Markus 15,20b–41; Lukas 23,26–49; Johannes 19,16b–30

Vor der Stadt lag der Hügel Golgota, das heißt übersetzt: Schädelstätte. Dort sollte Jesus gekreuzigt werden. Die Soldaten luden ihm den Kreuzbalken auf die Schulter, denn er musste ihn selbst zum Ort der Kreuzigung tragen. Doch Jesus war durch die Auspeitschung so schwach geworden, dass er unter der Last des Balkens zusammenbrach. Da zwangen die Soldaten einen Mann, der gerade vom Feld kam, Simon von Zyrene, Jesus zu helfen. Mit dem schweren Balken auf den Schultern musste er hinter Jesus hergehen.

Endlich erreichten sie die Schädelstätte, den Hügel Golgota. Dort schlugen die Soldaten Jesus ans Kreuz, und mit ihm die beiden Verbrecher, die am selben Tag hingerichtet werden sollten. Einer der Verbrecher verhöhnte Jesus mit den Worten: „Bist du denn nicht der Messias? Dann hilf dir selbst und auch uns!" Doch der andere Verbrecher wies ihn zurecht und sagte: „Uns geschieht es recht, wir erhalten den Lohn für unsere Taten. Jesus aber hat nichts Unrechtes getan." Dann wandte er sich an Jesus und bat: „Herr, denk an mich, wenn du in dein Reich kommst." Und Jesus antwortete ihm: „Amen, ich sage dir: Heute noch wirst du mit mir im Paradies sein." So konnte dieser Verbrecher in Frieden sterben. Der andere aber starb voller Wut und Hass.

Die Soldaten, die die Verurteilten bewachten, setzten sich unter den Kreuzen nieder. Sie nahmen Jesu Kleider und verlosten sie untereinander. In der Nähe standen auch Maria, Jesu Mutter, und drei andere Frauen, die ihm überallhin gefolgt waren. Die Jünger waren alle geflohen. Nur Johannes, sein Lieblingsjünger, und die Frauen hatten Mut, beim Kreuz zu bleiben, obwohl das verboten war. Jesus blickte vom Kreuz hinab auf seine Mutter und Johannes. Da sagte er zu seiner

Mutter: „Mutter, das ist dein Sohn.“ Und zu Johannes sagte er: „Das ist deine Mutter.“ So sorgte Jesus noch im Sterben dafür, dass sich jemand um seine Mutter kümmerte.

Um zwölf Uhr Mittag brach eine Finsternis über das ganze Land herein. Die Sonne verdunkelte sich, und der Vorhang im Tempel riss mitten entzwei. Die Leute spürten, dass hier keine gewöhnliche Hinrichtung stattfand, sondern etwas Besonderes, das Himmel und Erde bewegte. Drei Stunden lang blieb es finster. Dann rief Jesus mit lauter Stimme: „Vater, in deine Hände lege ich meinen Geist.“ Nach diesen Worten schloss er die Augen und starb.

Als der Hauptmann, der die Kreuzigung mit seinen Soldaten überwachte, sah, wie sich die Sonne verdunkelte, pries er Gott und sagte: „Wahrhaftig, das war Gottes Sohn.“ Die Leute aber, die unter dem Kreuz standen und sahen, was sich ereignet hatte, schlugen sich an die Brust und gingen betroffen weg. So fanden selbst Jesu Feinde unter dem Kreuz zu Gott. Denn sie spürten, dass sie ihn zu Unrecht gekreuzigt hatten.

Jesus lebt

Johannes 20,1–18; (Matthäus 28,1–10; Markus 16,1–11; Lukas 24,1–12)

Maria von Magdala war eine der Frauen, die beim Kreuz gestanden hatten. Jesus hatte sie von sieben Dämonen befreit, von denen sie besessen gewesen war. Sie war Jesus so dankbar für ihre Heilung, dass sie ihn mehr liebte als die anderen Frauen, die ihm gefolgt waren. Maria von Magdala konnte kaum erwarten, dass der Sabbat vorüber war, denn an diesem Tag durfte niemand sein Haus verlassen. Sie aber wollte so schnell wie möglich zu Jesu Grab, um dort zu trauern und zu weinen. Als der Sabbat vorüber war, ging sie frühmorgens zu der Höhle, in der man Jesus bestattet hatte. Doch als sie dort ankam, sah sie, dass der Stein vom Eingang des Grabes weggerollt war. Da lief sie schnell zurück in das Haus, in dem die Jünger versammelt waren. Sie sagte zu Petrus und Johannes: „Man hat den Herrn aus dem Grab weggenommen. Und ich weiß nicht, wohin man ihn gelegt hat."

Da liefen Petrus und Johannes hinaus zum Grab. Sie wollten sehen, was geschehen war. Weil Johannes jünger war als Petrus, lief er schneller und kam als Erster am Grab an. Er beugte sich vor und sah im Grab die Leinenbinden liegen. Er traute sich aber nicht, hineinzugehen. Da kam auch Petrus außer Atem am Grab an und ging hinein. Auch er sah die Leinenbinden liegen und entdeckte das Schweißtuch, mit dem man das Gesicht von Jesus bedeckt hatte. Es war ordentlich zusammengefaltet und lag neben den Leinentüchern. Petrus wunderte sich über das, was er da sah, und konnte sich nicht erklären, was geschehen war. Nun kam auch Johannes in das Grab hinein. Er betrachtete alles genau. Da glaubte er und vertraute darauf, dass ein Wunder geschehen war. Schließlich kehrten Petrus und Johannes wieder nach Hause zurück.

Maria von Magdala aber stand draußen vor dem Grab und weinte. Sie

weinte um den toten Jesus. Aber sie weinte auch, weil sie seinen toten Leib nicht sehen und berühren konnte. Während sie weinte, beugte sie sich in die Grabhöhle hinein. Da sah sie zwei Engel in weißen Gewändern sitzen. Die Engel sagten zu ihr: „Frau, warum weinst du?“ Sie antwortete ihnen: „Man hat meinen Herrn weggenommen. Und ich weiß nicht, wohin man ihn gelegt hat.“ Dann wandte sich Maria um und sah einen Mann hinter sich stehen. Sie dachte, es sei der Gärtner. Es war aber Jesus selbst, doch sie erkannte ihn nicht. Jesus fragte sie: „Frau, warum weinst du? Wen suchst du?“ Da sagte sie zu ihm: „Herr, wenn du Jesus weggebracht hast, sag mir, wohin du ihn gelegt hast. Dann will ich ihn holen.“ Da sagte Jesus zu ihr: „Maria.“ In diesem Augenblick erkannte sie ihn an seiner Stimme und an der Art, wie er ihren Namen aussprach. Sie fiel vor ihm auf die Knie und umfasste seine Füße. Sie sagte: „Rabbuni!“ Das heißt: „Mein Meister.“ Sie war so glücklich, ihn wiederzusehen, und sie konnte es gar nicht fassen, dass er lebte. Doch Jesus sagte zu ihr: „Halte mich nicht fest. Denn ich bin noch nicht zu meinem Vater hinaufgegangen. Geh aber zu meinen Jüngern und sag ihnen: Ich gehe hinauf zu meinem Vater und zu eurem Vater, zu meinem Gott und zu eurem Gott.“

Da lief Maria von Magdala voller Freude zu den Jüngern und verkündete ihnen: „Ich habe Jesus gesehen. Er lebt. Er ist auferstanden. Er hat mir gesagt, dass er zum Vater geht.“ Die Jünger staunten über das, was Maria von Magdala ihnen erzählte. Johannes glaubte ihr sofort. Die anderen schwankten hin und her zwischen Zweifel und Glauben. Doch dann sprachen sie miteinander und erinnerten sich daran, dass Jesus ihnen einmal gesagt hatte: „Ich werde sterben und am dritten Tage wiederauferstehen.“ Und sie meinten: „Damals haben wir seine Worte nicht verstanden. Doch jetzt bekommen sie eine neue Bedeutung: Jesus ist wirklich auferstanden. Er lebt.“

Jesus erscheint den Jüngern

Lukas 24,13–51; Johannes 20,19–20

Am gleichen Tag, an dem Maria von Magdala am frühen Morgen zum Grab gegangen war, machten sich zwei der Jünger auf den Weg nach Emmaus. Unterwegs sprachen sie über alles, was sich ereignet hatte. Sie waren enttäuscht, dass dieser Jesus, auf den sie ihre Hoffnung gesetzt hatten, am Kreuz gestorben war. Deshalb wollten sie von dem Ort des großen Leids fliehen. Während sie über Jesus, seine Botschaft und sein trauriges Ende am Kreuz sprachen, kam ein Fremder und ging mit ihnen. Er fragte sie: „Was sind das für Dinge, über die ihr miteinander sprecht?" Da blieben sie stehen und sahen den Fremden an. Und Kleopas, einer der beiden, sagte: „Bist du so fremd in Jerusalem, dass du als Einziger nicht weißt, was in diesen Tagen dort geschehen ist?" Der Fremde fragte: „Was denn?" Sie antworteten: „Das mit Jesus aus Nazaret. Er war ein großer Prophet. Er hat wunderbare Vorträge gehalten und viele Kranke geheilt. Alle waren begeistert von ihm. Doch unsere Hohepriester und Führer haben ihn zum Tod verurteilen und ans Kreuz schlagen lassen. Wir aber hatten gehofft, dass er das Volk Israel befreien und aufrichten würde. Unsere Hoffnung hat sich nicht erfüllt. Nun sind schon drei Tage vergangen, seit das alles geschehen ist. Heute Morgen hat Maria von Magdala uns Jünger in große Aufregung versetzt. Sie war am Grab und fand es leer. Sie sagte, sie habe Jesus gesehen. Einige von uns gingen daraufhin zum Grab. Sie fanden das Grab zwar leer, doch Jesus selbst sahen sie nicht." Da sagte der Fremde zu ihnen: „Begreift ihr denn nicht, was die Propheten über den Messias gesagt haben? Sie haben doch gesagt, dass der Messias das alles erleiden muss." Und der Fremde erklärte ihnen viele Stellen aus der Bibel, die auf den Messias hinwiesen und sein Schicksal beschrieben. Den beiden Jüngern wurde es warm ums Herz, auch wenn sie nicht alles verstanden.

Als es dämmerte, kamen sie in das Dorf Emmaus. Der Fremde wollte weitergehen, doch die Jünger drängten ihn: „Bleib doch bei uns. Es wird bald Abend, der Tag hat sich schon geneigt.“ Da ging der Fremde mit ihnen in das Haus, in dem sie wohnten. Sie luden ihn zum Essen ein. Als sie nun zu Tisch saßen, nahm der Fremde das Brot. Er sprach den Lobpreis, so wie Jesus es beim letzten Mahl vor seinem Tod getan hatte. Dann brach er das Brot und gab es den beiden Jüngern. Da gingen ihnen die Augen auf. Auf einmal erkannten sie: Das ist Jesus. Er lebt wirklich. Aber kaum hatten sie ihn erkannt, war er verschwunden. Da sagten sie zueinander: „Wurde es uns nicht warm ums Herz, als er unterwegs mit uns sprach und uns den Sinn der Heiligen Schrift erklärte?“ Sie spürten in sich eine tiefe Freude. Und in ihrer Freude brachen sie noch am selben Abend auf und kehrten nach Jerusalem zurück. Sie gingen sofort in das Haus, in dem die anderen Jünger wohnten. Alle waren dort versammelt. Als die beiden Jünger aus Emmaus ankamen, riefen ihnen die anderen aufgeregt entgegen: „Der Herr ist wirklich auferstanden! Er ist Maria aus Magdala erschienen. Und auch Petrus ist ihm begegnet.“ Da berichteten auch die beiden Jünger, die aus Emmaus zurückkamen, was sie unterwegs erlebt hatten. Und sie erzählten voller Freude von dem Mahl, das sie mit Jesus gehalten hatten. Dort hatten sie ihn erkannt, als er das Brot brach.

Während die Jünger noch miteinander über das redeten, was sie erfahren hatten, trat Jesus selbst in ihre Mitte, obwohl sie die Türen des Hauses aus Angst vor den Juden fest verschlossen hatten. Er sagte zu ihnen: „Friede sei mit euch!" Die Jünger erschraken. Ihre Gefühle schwankten zwischen Angst und Freude. Doch Jesus sagte zu ihnen: „Was seid ihr so bestürzt? Warum zweifelt ihr an mir und meiner Auferstehung? Seht doch die Wunden an meinen Händen und meinen Füßen von den Nägeln am Kreuz! Ich bin es selbst! Ich, Jesus, der mit euch gewandert ist, euer Meister und Herr. Fasst mich an und begreift, dass ich es bin." Die Jünger staunten und waren voller Freude. Nun waren sie überzeugt: Ihr Herr war von den Toten auferstanden.
Dann erklärte ihnen Jesus alles, was geschehen war.
Schließlich führte er sie hinaus bis in die Nähe von Betanien. Dort breitete er seine Arme aus und segnete sie. Und während Jesus sie segnete, wurde er in den Himmel emporgehoben.

Das Pfingstwunder

Apostelgeschichte 2,1–47

Die Jünger versammelten sich mit Maria, der Mutter Jesu, und anderen Frauen, die ihm nachgefolgt waren, immer wieder in ihrem Haus, um zu beten. So war es auch an jenem Sonntag, genau fünfzig Tage nach der Auferstehung Jesu. Alle saßen zusammen, als plötzlich ein heftiger Sturm vom Himmel fegte, der das ganze Haus erfüllte. Und über ihren Köpfen erschienen Feuerzungen, die sich auf jeden von ihnen niederließen. Alle wurden vom Heiligen Geist erfüllt, so wie Jesus es ihnen angekündigt hatte.

Vor dem Haus hatten sich inzwischen viele Menschen versammelt, die von dem lauten Getöse des Sturms angezogen worden waren. Sie wollten wissen, was vor sich ging. Da traten die Jünger und die Frauen aus dem Haus und begannen plötzlich, in fremden Sprachen zu reden. Der Heilige Geist, der in Feuerzungen auf ihnen ruhte, gab ihnen die Fähigkeit, so zu sprechen, dass sich die Herzen der Menschen erwärmten und ein Funke auf alle übersprang. Die Leute wunderten sich und sagten: „Das sind doch Galiläer, die da sprechen. Doch jeder von uns hört sie in seiner eigenen Sprache, obwohl wir doch aus ganz verschiedenen Ländern kommen." Viele meinten, dass es ein Wunder Gottes sei. Doch andere sagten: „Die sind ja betrunken vom süßen Wein." Sie wehrten sich gegen die Begeisterung, mit der die Jünger und die Frauen von Gott erzählten. Sie wollten sich nicht berühren und anstecken lassen.

Doch da trat Petrus nach vorne. Er bat alle, still zu sein und ihm zuzuhören. Dann sagte er: „Ihr Juden und Bewohner von Jerusalem, hört mir genau zu. Diese Männer und Frauen, die da reden, sind nicht betrunken. Heute hat sich vielmehr erfüllt, was der Prophet Joel vorausgesehen hat: Gott hat seinen Geist über allen Menschen ausgegossen." Und dann erzählte Petrus ihnen von Jesus und den wunderbaren

Dingen, die er getan hatte, von seiner Kreuzigung und seiner Auferstehung.
Die Leute staunten über die Predigt des Petrus. Dieser ungebildete Fischer aus Galiläa konnte auf einmal so wunderbar sprechen. Seine Worte trafen sie mitten ins Herz. Und sie fragten ihn: „Was sollen wir tun?“ Petrus antwortete: „Kehrt um und lasst euch auf den Namen Jesu taufen. Dann werdet auch ihr die Gabe des Heiligen Geistes empfangen.“ Etwa dreitausend Leute folgten dem Aufruf des Petrus und ließen sich taufen.
So wurde dieser Tag, der bis heute als Pfingsten gefeiert wird, zur Geburtsstunde der christlichen Kirche. Sie breitete sich immer weiter aus, zuerst in Judäa, dann in allen Teilen Kleinasiens und schließlich in Europa, in Griechenland und Rom, bis das ganze Römische Reich von christlichen Missionaren bereist wurde. Und überall entstanden neue Gemeinden. Die Christen kamen täglich zum Gebet zusammen, hörten die Worte, die Jesus damals zu seinen Jüngern gesprochen hatte, und hielten das heilige Mahl, das ihnen Jesus zu feiern geboten hatte. Sie spürten, dass Jesus selbst in ihrer Mitte war. Und sie waren beim ganzen Volk beliebt. Die Menschen sagten über die ersten Christen: „Seht nur, wie sie einander lieben!“

Der Autor **Anselm Grün** OSB, Dr. theol., geb. 1945, ist Benediktinermönch in der Abtei Münsterschwarzach, Meditationsleiter und weltweit populärster christlicher Autor unserer Tage. Seine Bücher zu Spiritualität und Lebenskunst haben Millionenauflagen erreicht.

Der Illustrator **Giuliano Ferri**, geb. 1965, hat an der Kunstakademie in Urbino studiert und sich auf Animation spezialisiert. Seit einigen Jahren illustriert er erfolgreich Kinderbücher und hat bereits zahlreiche Preise gewonnen. Giuliano Ferri lebt mit seiner Familie in Pesaro, Italien.